AF320010

LES SEIGNEURS

LE CHATEAU, LA CHATELLENIE

ET LE VILLAGE

DE

TURQUESTEIN

PAR

Henri LEPAGE

Avec extrait de la Carte de Cassini, Plan de l'ancien château, Vue des ruines, Sceaux
et Pièces justificatives

NANCY, SIDOT FRÈRES.
STRASBOURG, J. NOIRIEL. — **SAVERNE**, IG. FUCHS.

—

1886

LES SEIGNEURS

LE CHATEAU, LA CHATELLENIE

ET LE VILLAGE

DE TURQUESTEIN

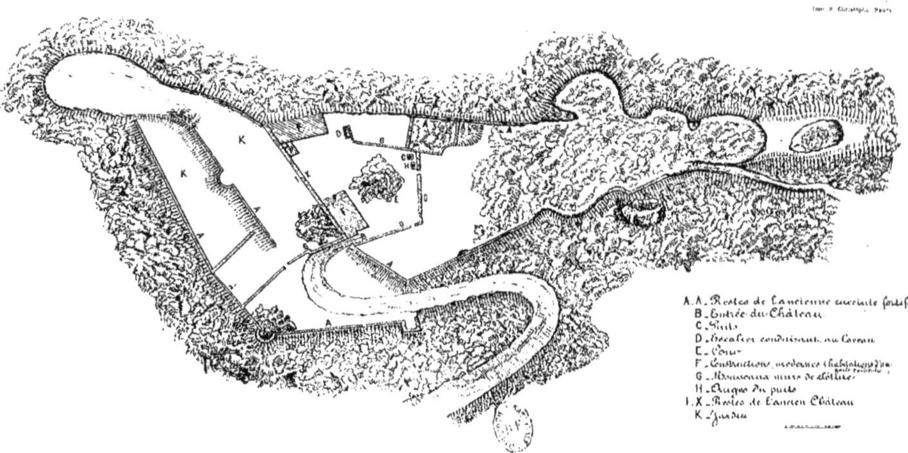

Château de Turquestein. — Vue des ruines et Plan

LES SEIGNEURS

LE CHATEAU, LA CHATELLENIE

ET LE VILLAGE

DE

TURQUESTEIN

PAR

Henri LEPAGE

Avec extrait de la Carte de Cassini, Plan de l'ancien château, Vue des ruines, Sceaux
et Pièces justificatives

NANCY, SIDOT FRÈRES.

STRASBOURG, J. NOIRIEL. — SAVERNE, H. FUCHS.

—

1886

LES SEIGNEURS

LE CHATEAU, LA CHATELLENIE

ET

LE VILLAGE

DE TURQUESTEIN

I

La partie méridionale de l'ancien département de la Meurthe renferme un territoire (1), voisin de ceux qui formaient autrefois les comtés de Salm et de Dabo, où se trouvent plusieurs localités intéressantes tant à cause de leur ancienneté que par les souvenirs qui s'y rattachent. Ici, Saint-Quirin, avec son prieuré fondé sur la fin du xe siècle ; là, Bon-Moutier, berceau de l'abbaye

____

(1) Il est indiqué sur la partie de la carte de Cassini, placée à la fin du présent volume.

de Saint-Sauveur, transférée ensuite à Domêvre ; à quelque distance, les châteaux de Chatillon et de Turquestein ; enfin, hors des limites de cette petite contrée, à l'ouest, l'abbaye de Haute-Seille , dont l'histoire est intimement liée à celle des possesseurs de ce dernier manoir féodal.

Un de nos savants et regrettés confrères, M. Dagobert Fischer, de Saverne, lui a consacré une monographie (1) qui m'a fourni plusieurs indications précieuses, et que j'ai pu compléter à l'aide de documents qu'il n'avait pas connus (2).

On doit se demander d'abord quelle peut être l'étymologie de ce nom de Turquestein, en allemand Türkstein, dont la première partie a subi de nombreuses transformations dans le cours des siècles ; la seconde, qui n'a été que légèrement modifiée, signifie pierre ou rocher, et vient, sans doute, de ce que le château avait été bâti sur une masse de rochers. Quant à la syllabe *Turck* ou *Durck*, que l'on a francisée en y faisant une légère addition, peut-on admettre qu'elle ait une origine celtique et rappellerait le culte qu'on aurait rendu dans ce lieu au dieu suprême des Celtes et des Germains, *Thir*, *Thür* ou *Thor* , qu'honoraient les anciens habitants, les Triboques, du comté de Dabo (3) ? C'est une

(1) Elle a pour titre : *Die ehemalige bergveste Turkstein in Lothringen* (c'est-à-dire l'ancienne forteresse de Turkstein en Lorraine). — 1879.

(2) Je publierai quelques-uns des plus anciens et des plus curieux, sous forme de pièces justificatives.

(3) *Le comté de Dagsbourg, aujourd'hui Dabo*, par Dugas de Beaulieu, 2ᵉ édition. 1858.

Le village de Dabo n'est qu'à quelques lieues de Turquestein.

simple hypothèse, que je formule sous toutes réserves, et qui se rapporterait à l'étymologie donnée par quelques auteurs au village de Turkeim, en Alsace.

Autres questions non moins difficiles à résoudre : par qui et à quelle époque le château dont il s'agit fut-il bâti ? quelle est la famille qui en porta le nom ?

M. Fischer a, jusqu'à un certain point, répondu à ces questions. « Dès le xe siècle, dit-il, Turquestein a dû être la résidence des puissants comtes de Metz, qui le tenaient en fief du chapitre de la cathédrale de cette ville.

» Il est probable que les évêques de Metz s'étaient déterminés à élever cette forteresse dans une solitude inaccessible et dans un lieu sauvage pour protéger et garder le passage, très important alors, qui conduisait en Lorraine par la vallée de Schirmeck et le pied du haut Donon.

» ... En l'année 1009, lorsque l'empereur Henri II fit la guerre à son beau-frère Thierry de Luxembourg, évêque de Metz, et assiégea cette cité, qui résista avec succès, Hugues IV, comte de Metz et de Dagsbourg, et ses vassaux, étaient passés à l'armée impériale. Son épouse, Heilwig, mère du pape Léon IX, craignant d'être attaquée par l'évêque, chercha un refuge dans l'abbaye de Moyenmoutier, après avoir mis en état de défense Turkstein et ses autres forteresses. »

L'auteur renvoie à la Chronique de Moyenmoutier par Jean de Bayon, dont le texte (1) diffère quelque peu

____

(1) Il est ainsi reproduit dans l'*Histoire de Lorraine* de Dom Calmet, 1re éd., t. II, pr., col. lxiv :

« Cum autem gravis dissensio, anno millesimo duodecimo,

de la traduction qu'il en donne, notamment sur un point capital pour le sujet qui m'occupe : à savoir, qu'il n'y est pas fait mention de Turquestein.

« Cette forteresse, ajoute M. Fischer, avait ses propres chevaliers, qui y étaient seigneurs et paraissent souvent dans les documents. Leur race, dite des chevaliers du château, s'était enrichie au service du comte de Metz et de Dabo, et fut de bonne heure en grande estime. Ulrich de Turquestein, seigneur de Blâmont, fut investi, en 1012, par l'évêque de Toul Bertholde, du bailliage protecteur de l'abbaye de Saint-Sauveur. Dans la suite, les nobles de Turquestein prétendirent au bailliage du prieuré de Saint-Quirin, dépendant de l'abbaye de Marmoutier. »

Ce passage est, en partie, la paraphrase de ce que dit Dom Calmet dans sa *Notice de la Lorraine* (1) :

« Les seigneurs particuliers de Blamont furent Ulric de Turkestein, sire de Blamont, à qui Bertolde, évêque de Toul en 1002 (2) donna la vouërie de St. Sauveur en Vôge. Gérard, fils d'Ulric, sire de Blamont, reçut du

orta fuisset inter Henricum, cæsarem, et Thedericum, episcopum Metensem, qui erat levir ejusdem Henrici, et comitem Gerardum, fratrem Alberti, ducis Lotarensium : qui Gerardus neptem ipsius cæsaris ex sorore nomine Gillam uxorem sortitus erat; qui tumul tus graviter vexavit non solùm miserabile vulgus, sed et principes regni adeò percussit, ut ipse cæsar eundem Metensem urbem longo tempore obsederit. Propter quam cladem domna Helwidis, mater domni Brunonis, *relictis ubique firmis castris,* ad Mediani cœnobii quasi ad firmum præsidium confugit... »

(1) Tome I, col. 128, art. Blâmont.

(2) Il faut lire 1012, puisque ce fut seulement en 1010 que l'abbaye de Bon-Moutier fut transférée à Saint-Sauveur et prit ce dernier nom. (*Notice,* t. I, col. 142.)

même évêque la vouërie de la même abbaye. Il ne prend point le nom de Turkestein. En 1174 nous trouvons Henri de Blâmont, et, en 1204, Olric ou Ulric de Blamont, qui éloient sans doute les fils ou petits-fils d'Ulric et de Gérard, ci-devant nommés.

» En 1204, Olry de Blamont est témoin d'une donation faite à l'Eglise par le duc de Lorraine Simon II ; ce fut vers ce tems-là que la seigneurie de Blamont entra dans la Maison de Salm par le mariage de la fille unique et héritière des anciens seigneurs de Blamont et de Turkestein, avec Herman de Salm... »

D'où il résulterait que les sires de Blâmont furent la souche de la famille de Turquestein, laquelle ne serait pas du tout, comme le dit Bermann (1), originaire d'Alsace.

Je dois ajouter, néanmoins, qu'il règne une certaine obscurité sur les premiers temps de l'histoire de cette famille, et qu'il est prudent de se borner à rappeler les actes qui la concernent.

En 1122, Reinhardt, abbé de Marmoutier, eut une querelle avec Bencelin, seigneur de Turquestein, au sujet de l'église et de la dîme de Heille, près de Saint-Quirin, à laquelle tous deux prétendaient. L'évêque de Metz Etienne, n'ayant trouvé aucun moyen d'accommodement, soumit les parties au jugement de Dieu par l'eau froide. L'épreuve fut en faveur de l'abbé, et son monastère déclaré possesseur de l'église et des dîmes de Heille, comme les ayant acquises de Milon, abbé de Moyenmoutier (2).

(1) *Dissertation historique sur l'ancienne chevalerie et la noblesse de Lorraine*, p. 174.

(2) Fischer, d'après l'abbé Reinhart, *Annales de la Basse-Alsace.*

Le même *Bencelinus de Truchstein* figure comme témoin, en 1124, avec le comte Conrade de Langstein, dans l'acte de dédicace de l'église de l'abbaye de Senones par Etienne, évêque de Metz (1).

Il est encore témoin, en 1126, dans le titre de fondation de l'abbaye de Saint-Jean-des-Choux, près de Saverne, sous le nom, légèrement défiguré, de *Berchelmus de Durchelstein* (2).

Par une charte de l'année 1128, l'évêque Etienne fait savoir que Bencelin de Turquestein, avec sa femme Mathilde, Conon, son fils, et ses filles (*Bencelinus de Truclistem, cum uxore sua Mastilda, et Cuonone filio, et filiabus suis*), avec Gérard, son neveu, et d'autres seigneurs, ont donné à l'abbaye de Senones le fonds et le conduit de l'église de Lorquin (3).

Becelinus de Turkestein figure encore comme témoin, en 1135, dans une confirmation, par Henri de Lorraine, évêque de Toul, de diverses donations faites à l'abbaye de Beaupré, notamment par Folmar, comte de Metz (4).

A partir de quelques années plus tard, les archives de l'abbaye de Haute-Seille nous fournissent une série de documents beaucoup plus explicites que ceux qui précèdent.

----

(1) Dom Calmet, *Hist. de Lorr.*, 1re édit., t. I, pr., col. 439.

(2) Schœpflin, *Alsacia diplomatica*, t. I, p. 205.

(3) Dom Calmet, *Hist. de Lorr.*, pr., col. cclxxxv.

(4) Trésor des Chartes, lay. Abbayes de Beaupré, etc., n° 1; et Calmet, *ib.*, t. II, col. cccvj. Il écrit : *Besellinus*.

Il est encore témoin dans la confirmation de la fondation de l'abbaye de Beaupré par le même évêque, en 1157. (*Ib.*, col. cccliv.)

Le premier est une charte de 1147 par laquelle l'évêque Etienne déclare que l'abbaye de Haute-Seille ayant été fondée par les bienfaits de la comtesse Agnès et des héritiers de Langstein, ensemble de Bencelin de Turquestein, avec Conon, son fils, et d'autres, commençait à fleurir lorsqu'elle se vit tellement molestée par ces seigneurs, qui ne cessaient d'exercer leur souveraineté sur ce monastère, sous prétexte de fondation, que les religieux se disposaient à se retirer ailleurs, dans tel endroit que l'évêque voudrait leur assigner, ce que voyant, celui-ci convoqua tous ces seigneurs, auxquels il était allié, et les engagea à lui céder tous leurs droits ; ils y consentirent, et le prélat les transporta à l'abbaye, qui demeura tranquille (1).

Quels liens de parenté unissaient l'évêque à ces seigneurs, notamment aux sires de Turquéstein ? il serait difficile de le dire. Etienne était, disent les historiens (2), fils de Thierry Ier du nom, comte de Montbéliard, de Bar, de Monçon et de Ferrette. Sa mère était Ermentrude, fille de Guillaume II, surnommée Tête-Hardie, comte de Bourgogne, et sœur du pape Calixte II, auparavant comte de Bourgogne, archevêque de Vienne. Etienne eut cinq frères et deux sœurs, savoir : 1° Thierry II du nom, comte de Montbéliard et de Bar ; 2° Louis, comte de Monçon ; 3° Renaud, qui devint comte de Bar après la retraite de Thierry, son frère ; 4° Frédéric, comte de Ferrette ; 5° Guillaume, comte de Montbéliard. De ses sœurs, la première fut mariée à Herman, comte de Salm en Ardennes, et devint mère

(1) V. Pièce justificative I.
(2) V. Dom Calmet, t. II, col. 72.

de Thierry, comte de Salm, et de Thierry, abbé de Saint-Paul de Verdun ; la seconde, nommée Gunthilde, première abbesse du monastère de Biblisheim, mourut en odeur de sainteté.

Ailleurs (1), l'écrivain que je viens de citer, dit que la femme de Herman fut la comtesse Agnès de Langstein, fondatrice de l'abbaye de Haute-Seille, dont il eut deux fils : Conrade, qui était seigneur de Pierre-Percée (ou Langstein) en 1127, et Henry, comte de Salm, voué de l'abbaye de Senones en 1125, 1135 et 1152 (2).

D'où il serait permis de conclure que les Turquestein étaient alliés à la famille de Langstein, par conséquent, bien qu'à un degré fort éloigné, à celle de l'évêque Etienne.

A l'exemple de son père, Conon de Turquestein molesta l'abbaye de Haute-Seille au sujet des donations que ses prédécesseurs lui avaient faites avant qu'il ne fût au monde. Il fallut, en 1186, l'intervention d'Albert, comte de Metz et de Dabo pour obtenir de lui la ratification de ces donations ; ce qui fut consigné dans une charte de Bertrand, évêque de Metz (3), et dans une autre du comte Albert (4). Cette dernière nous apprend que la mère de Conon s'appelait Havide, et, par conséquent,

(1) Ib., t. I, prélim., col. ccix et ccx.

(2) Henri comte de Salm épousa Agnès, dame de Langstein, qui était peut-être de la maison de Bar. Celle-ci contracta aussi un autre mariage avec un certain comte Godefroy, dont on ignore la famille ; elle paraît avoir eu un fils appelé Guillaume. Godefroy et Guillaume étaient décédés dès 1138.

(3) V. Pièce justificative II.

(4) V. Pièce justificative III.

que celui-ci n'était pas le Conon, fils de Bencelin, mentionné dans les titres de 1128 et 1147.

Vers ce temps paraît un nouveau Conon, qui fait aussi diverses donations à l'abbaye de Haute-Seille, notamment de celle du droit de pàture pour ses bestfaux sur tout le ban de Turquestein, ainsi que le leur avait concédé son oncle C. et son père le comte Conrade (1).

L'oncle est sans doute Conon, fils de Bencelin, nommé dans les titres de 1128 et 1147; quant au comte Conrade, ne serait-ce pas Conrade de Langstein, fils de la comtesse Agnès, fondatrice de Haute-Seille, et de Herman, comte de Salm, dont il a été parlé plus haut à propos de la famille de l'évêque Etienne.

Dans sa charte, malheureusement sans date, mais qui est indiquée comme antérieure à l'année 1201 (2), Conon nomme sa sœur Aleidis, et il termine en disant que ses donations ont été faites avec le consentement de son seigneur le comte Albert de Dabo, dont il était le feudataire.

Ce qui ne laisse point de doute à cet égard, c'est que le comte crut devoir confirmer les donations dont il s'agit pas un acte dans lequel il exprime formellement cet état de vassalité (3).

Une autre charte du même comte, sans date comme la précédente (4), renferme la première mention relative à la résidence des sires de Turquestein. Il y dit que Hawidis, fille de Bencelin, avait donné à l'abbaye de

(1) V. Pièce justificative IV.
(2) Dans l'inventaire des titres de Haute-Seille.
(3) V. Pièce justificative V.
(4) V. Pièce justificative VI.

Haute-Seille son breuil ou pré de Roencurt. Dans la suite, la fille de Hawidis, nommée Adeleidis, *étant venue demeurer à Turquestein*, et trouvant que ce pré lui était nécessaire, le demanda à l'abbé, qui le lui abandonna, sa vie durant, moyennant un cens annuel de deux sous.

En 1227, Waltguinus (ou Walterguinus), chevalier de Turquestein, pour le remède de son âme, et du consentement de son épouse Lorathe, quitte à l'abbaye de Haute-Seille 19 marcs d'argent qu'elle lui devait, lui donne ses prés de Landange, lui restitue le moulin de ce lieu, lui donne le patronage de l'église de Hattigny et les dîmes (1).

Par une autre charte de l'année 1231, le même *Waltrekinus* et sa femme donnent à l'abbaye un moulin qu'ils avaient sur la Sarre, du revenu de 40 virtels d'avoine, à condition qu'ils le tiendront toute leur vie (2).

Lors de la paix conclue, le 17 des kalendes d'avril 1233, entre l'évêque de Metz et Simon comte de Dabo, touchant le comté de Metz et l'héritage de sa femme Gertrude, Vautrin (*Waldukinus*) fut institué arbitre « diseur » de cette paix conjointement avec le comte de Castres (3).

En 1272, le jour de la fête Saint-Pierre et Saint-Paul, Laurent, évêque de Metz, déclare au seigneur Hugues, appelé Franz de Turquestein, qu'il lui doit 60

(1) V. Pièce justificative VII.
(2) V. Pièce justificative VIII.
(3) Bibliothèque nat., fonds latin, 10021, f° 177. — Pièce citée aussi par Fischer, p. 6.

— 15 —

livres pour le dommage qu'il a éprouvé à son service (1).

Vers la fin de l'année 1338, Jean de Lichtenberg, qui était un fidèle partisan de l'empereur Louis de Bavière, ayant pris à son service Jean de Turquestein et plusieurs autres guerriers du royaume de l'Ouest, dévasta et mit à contribution le territoire de l'évêque de Strasbourg Berthold de Bucheck. Celui-ci, qui défendait les droits du duc Léopold d'Autriche, alla, à la tête d'une armée nombreuse, devant Schlestadt, et entreprit un véritable siège de cette ville, pendant que le comte Ulrich de Wurtemberg, avec sa troupe et les bourgeois de Saverne, commençait le siège de Neuwiller et causait beaucoup de dégâts. Jean de Turquestein et quelques autres vassaux de Lichtemberg furent faits prisonniers ou tués à ce siège ; mais la place ne se rendit pas (2).

Il y a une interruption de plus d'un siècle dans la série des titres relatifs à la généalogie des sires de Turquestein ; le plus ancien, en effet, après celui de 1272, ne remonte pas au-delà de 1389.

Des lettres de Henry, sire de Blâmont, du jour de Saint-Simon Saint-Jude de cette année, portent que guerre et dissension étant entre le comte de Salm, Hartong de *Durquestain*, « Hanris et Werris », ses enfants, et le duc de Lorraine ayant, par force et contrainte, obligé ces derniers à quitter 4 livres 14 sous 4 deniers de terre qu'ils avaient sur la vente de Badonviller, et qu'ils tenaient en fief et hommage dudit comte de Salm, lesquels provenaient de l'héritage d'Isabelle de Brouville, femme d'Hartong, ledit de Blâmont leur a assigné,

(1) Ibid., p. 8.

(2) Fischer, p 7, d'après *Gesta episcop. metens.* apud Calmet, 2ᵉ éd., t. I, col. lxxxvj.

en récompense, pareille rente sur la vente de Blâmont,
à rachat de 80 petits florins (1).

« Werry de *Durquilstain* » se trouvant le plus proche
héritier de Catherine de Brouville, sa tante, celle-ci lui
fit don et transport, en 1400, de tous ses meubles et
héritages, priant le duc de l'admettre à faire ses foi et
hommage pour les fiefs qu'elle tenait de lui ; ce à quoi
le prince consentit (2).

Le 6 novembre 1404, «Werry de *Durkestaïn* », écuyer,
reprend en fief et hommage du duc de Lorraine les bois
de « Moregnieweivre près d'Aizeralle » (Azerailles), sa
part des bois de « Boixiers » et cent soldées de terre à
lui échues de par Nyclaus de Durkestain , son oncle,
lesquelles se devaient lever chaque année sur les salines
de Dieuze (3).

J'arrive à Geoffroy de *Durquestein*, celui des seigneurs de ce nom sur lequel on possède le plus de
documents ; mais ils sont loin de justifier la haute opi-
nion qui nous est donnée de lui (4). S'il fut assez « puis-
sant », comme on le dit, pour faire la guerre à l'évêque
de Metz en 1442, il fallait qu'il eût trouvé des ressources
dont il ne disposait guère auparavant. On le voit, en
effet, dans le cours d'une même année, contracter des
emprunts qui ne dénotent pas une grande opulence,
comme il résulte de trois lettres, scellées de son sceau,

(1) Lay. Blâmont I, n° 174.
(2) Lay. Confirmations, n° 35, et B. 702, f° 12.
(3) Lay. Fiefs de Nancy, n° 10.
(4) *Notice de la Lorraine*, col. 688.

portant un écu à l'écusson chargé d'une étoile à six rais.

C'est ainsi qu'en 1425, il reconnaît devoir à Gérardin, dit le Cardinal, bourgeois de Blâmont, 40 fr. que celui-ci lui avait prêtés, à son « grans besoing et urgent nécessitei », pour laquelle somme il lui a mis en gage sa maison appelée la Chambre, séant en la ville « ferme » de Blâmont.

Peu après, lui et Catherine, sa sœur, « pour leur gran besoin et urgent nécessité », empruntent 30 florins de bon or à une femme de Deneuvre et lui mettent en gage une pièce de pré.

Enfin, il reconnaît devoir 50 fr. à son cher ami Lazarus de Xelatte et à Biétrix, sa femme, et lui met en gage sa maison dite la maison « aux Crennez », séant en la ville ferme de Blâmont, entre sa maison dite là Chambre et la grange de Jean du Pont, clerc (1).

En 1436, il rachète le pré de Buxières qu'il avait engagé au chapitre de Blâmont pour 40 vieux florins (2). — Par lettres du 7 juin 1441, il consent à ne point retirer l'engagement par lui fait à Marguerite de Lorraine, dame de Blâmont, de ses droits aux villes de Ribauviller et de Guémar qu'en acquittant à ladite dame la somme de 70 vieux florins et celle de 10 francs, qu'elle lui avait prêtés. — On trouve, enfin, sous la date du 4 juin 1455, la vente faite à Thiébaut de Blâmont par un nommé Warin, de Deneuvre, dit le Varlet, d'une gagère de 160 francs qu'il avait de Geoffroy de Turquestein, moyennant 100 vieux florins (3).

Les « gagères » faites au profit de Marguerite n'étaient pas rachetées en 1469, puisqu'on voit cette dame les donner par testament à son fils Olry de Blâmont (4).

Geoffroy était mort vers 1491, laissant, entr'autres héritiers, Warry de « Lucembourg » (Lutzelbourg), seigneur de Fléville, et Béatrix de Germiny, sa femme (5); mais il ne semble pas qu'il ait eu de descendants directs, car on ne trouve plus de gentilshommes du nom de Turquestein dans les nombreux titres conservés au Trésor des Chartes.

M. Fischer a cru pouvoir ajouter à leur liste des

---

(1) Lay. Blâmont II, n°˙ 38, 39 et 40.
(2) Lay. Blâmont, fiefs, n° 94.
(3) Lay. Blâmont II, n°˙ 67 et 77.
(4) *Hist. de Lorr.*, t. III, pr., col. dclxxiij.
(5) Lay. BlâmontII, n° 115, et *Notice*, col. 688.

nobles alsaciens appelés Gossmar, dont quelques-uns prirent le surnom de *Türkelstein;* mais cette famille, qui habitait la ville d'Obernai, n'eut rien de commun avec celle dont il est ici question (1).

II

A part une des chartes du comte Albert de Dabo, aucun des titres que je viens de rappeler ne fait mention du lieu dont les sires de Turquestein portaient le nom, ni du château où l'on peut supposer qu'ils faisaient leur résidence. C'est seulement à partir des premières années du xiiie siècle qu'il commence à en être question.

On lit, à ce sujet, dans l'*Histoire de Metz* par les Bénédictins (t. II, p. 428) : « Après la mort d'Albert, comte de Dasbourg, de Metz et de Moha, décédé vers l'an 1214, sans avoir laissé d'enfants mâles, les fiefs masculins qu'il tenoit de l'Evêché de Metz devoient naturellement retourner au domaine de cette Eglise. Gertrude, sa fille, mariée dès l'an 1206 à Thiébaut I, duc de Lorraine, fit tant par ses instances et par les sollicitations de ceux qu'elle employa auprès de l'évêque Conrad, que ce prélat consentit enfin à ce qu'elle jouît de ses fiefs avec le duc son mari, mais sous la condition expresse que, s'ils mouroient sans enfans mâles, les fiefs retourneroient à leur origine.

(1) V., sur cette famille, *Histoire de la ville d'Obernai,* par l'abbé Gyss, t. I, p. 439-448.

» Gertrude, devenue veuve en 1220, épousa Thiébaut, comte de Champagne, qui, au bout de deux ans de mariage, prit le parti de la quitter, soit, comme le dit l'abbé (le moine) Richer, à cause qu'elle étoit stérile, ou plutôt parce que ce mariage, ayant été contracté dans les degrés défendus, fut déclaré nul. Des bras du comte de Champagne elle passa dans ceux de Simon , comte de Linanges, et mourut sans enfans en 1225.

» Jean d'Apremont (qui avait succédé à Conrade) saisit l'occasion pour rentrer dans tous les biens des comtes de Dasbourg, comme anciens fiefs de l'Eglise de Metz (1). Il appela à son secours le comte de Bar, et, par son moyen, il se mit en possession des terres de Hernestein (2) et de Turquestein, des villes de Saralbe et de Sarbourg, et des autres terres que les comtes de Sarbourg (lisez : Dasbourg) avoient autrefois possédées à titre de fiefs de son Evêché ; mais Hugues, frère d'Albert, comte de Dasbourg et oncle de Gertrude , empêcha que l'évêque se rendît maître du château de Dasbourg et s'en empara lui-même à main armée... »

Les Bénédictins ne disent pas sur quels documents ils s'appuient pour formuler ces assertions, et ceux que l'on connaît, pour l'époque dont ils parlent, ne viennent pas tout-à-fait les confirmer.

(1) « Metensis episcopus Joannes (dit Richer), audiens defectum hæredum illius comitatus, quædam castra, scilicet Hornestem et Turquestem, et quædam oppida peroptima, videlicet Alban et Salaborch,... et terras et homines quæ omnia comes de Dasporch à priscis temporibus nomine feudi possederat, ab eodem episcopo ad jus et proprietatem Metensis episcopii resumpsit et sasiit... » (*Chronicon monasterii Senoniensis*, dans Dom Calmet, t. II, pr., col. **xxxj**.)

(2) Horrenstein, près Neuwiller, Bas-Rhin. (Fischer.)

Par une charte donnée « dans l'octave du Seigneur » de l'année 1215, Thiébaut, duc de Lorraine, comte de Metz et de Dagsbourg, reconnaît que l'évêque de Metz et de Spire, chancelier de la Cour impériale, a, sur sa prière, rendu à lui et à la duchesse Gertrude, sa femme, le comté de Dagsbourg et ses dépendances, tel que le père de ladite duchesse l'a possédé en fief, à condition que si lui, duc, meurt sans hoirs de son corps, la duchesse conférera à Saint-Etienne (1) l'alleu de *Turquestain*, en tant qu'il lui appartient, l'abbaye de Hesse et le château de Thiecourt (2).

Par lettres datées du mois de septembre 1224, la comtesse de Dagsbourg déclare que, du gré de son mari, elle accroît le fief qu'elle tient de l'Evêché de tout ce qu'elle a à Turquestein, à Thiecourt, dans l'abbaye de Hesse et à Sarralbe : « Ego, comitissa de Daborch, » notum facio... quod ego, laude et assensu mariti mei, » accrevi feodum quod a domino meo episcopo Metensi » tenere debeo, de his omnibus que habeo apud Tur- » kestein et apud Tihecort et in abbacia de Hesse et in » Alba, cum appendiciis eorum... (3) » .

Dom Calmet ne mentionne pas plus ces chartes que les Bénédictins, mais il rapporte les mêmes faits, avec quelques légères variantes. « Le château et la seigneurie d'Albe, dit-il à un endroit (4), furent donnés en fief par les évêques de Metz aux comtes de Limbourg, avec

(1) La cathédrale de Metz.

(2) Bibliot. nat., fonds latin, 10021, f° 265. (Communication de M. Bourgeois, d'Epinal, élève de l'Ecole des Chartes.)

(3) *Ib.*, f° 187.

(4) *Notice*, t. II, col. 404, art. *Sarralbe*.

Sarrebourg ; et, après l'extinction de la race de ces comtes, Jean d'Apremont, vers 1230, réunit à son domaine les quatre châtellenies de Sarrebourg, Sarralbe, Turkestein et Arestein. » — Et, plus loin (1) : « Gertrude ... mourut en 1225, sans enfants et sans héritiers. Après sa mort, Jean d'Apremont, évêque de Metz, prétendit rentrer dans tous les biens des comtes de Dasbourg, comme ayant été autrefois fiefs de .son Eglise. D'autres seigneurs s'emparèrent des autres biens de cette riche succession.... »

Un autre auteur (2) s'exprime encore d'une manière différente : « Quelque temps après qu'il (Jean d'Apremont) eût pris possession de ceste chaire, le Comte de Lambourg (lisez : Dagsbourg) vint à mourir sans hoirs masles, et laissa seulement une fille qui employa quantité de Princes et de Seigneurs pour obtenir de ce Prélat la jouyssance des fiefs desquels son père avoit joüy, qui dépendoient de l'Evesché de Metz. Jean d'Aspremont, porté en partie de compassion à l'endroit de ceste orpheline, et, d'autre costé sollicité par les prières de tant de gens de qualité, luy octroya ce qu'elle demandoit, à condition que , si elle venoit à mourir sans hoirs masles de son corps, ces mesmes fiefs retourneroient à l'Evesché. Ce traité se passa par devant de bons tesmoins, et fut authentiquement escrit, signé et scellé de part et d'autre. Il arriva cependant que ceste fille mourut sans hoirs masles, et, incontinent après sa mort, un nommé Watier, comte de Lambourg, le Comte

(1) *Ib.*, col. 562, art. *Thicourt.*
(2) Meurisse, *Hist. des évêques de Metz*, p. 449. Je le cite à peu près textuellement.

de Lucembourg (le sire de Lutzelbourg ?) et plusieurs autres Seigneurs du pays se mirent en possession de ces beaux fiefs, avec intention de les retenir tousjours. Nostre Evesque ne pouvant point souffrir ceste usurpation, se mit aussi tost en devoir de ranger ces Messieurs à la raison. Si bien qu'en peu de temps, il retira quatre beaux Chasteaux de leurs mains, qui sont Sarrebourg, Turquestain, Harestain et Albain avec toutes leurs appartenances et dépendances... »

Il est probable qu'au milieu de ces transmissions de fiefs, les châteaux avaient souffert des dégradations de plus d'un genre : c'est pourquoi, vers 1252, le successeur de Jean d'Apremont, Jacques de Lorraine, rétablit les fortifications de Sarralbe, de Herrenstein et de Turquestein, et y fît creuser de nouvelles citernes (1).

Dix ans environ plus tard, le duc de Lorraine Ferry III, répétant à l'évêque de Floranges de grandes sommes qu'il disait avoir dépensées pour son service, s'empara de Hombourg et de Turquestein ; mais il les abandonna bientôt, dans la crainte que le comte de Bar, qui s'était déclaré protecteur des terres de l'Evêché, ne le recherchât à cause de ses usurpations (2).

Les auteurs auxquels sont empruntées ces particula-

____

(1) « ... de Alba, de Herrestein et de Druchetein turres et muros in melius reparavit, novas citernas profundando... (*Gesta episcoporum metensium*, dans Dom Calmet, t. I, pr., col. lxxj ; Meurisse, p. 463, et *Hist. de Metz*, t. II, p. 443.)

(2) *Hist. de Metz*, t. II, p. 457. — « Pendant l'absence de Jacques de Floranges, dit D. Calmet (*Notice*, t. I, col. 42), le duc et d'autres seigneurs, qui avoient des prétentions contre lui, se saisirent, chacun de leur côté, de certaines forteresses dépendant de l'Evêché, comme de Hombourg, Turckestein... »

rités , disent plus loin (1) : « Pendant la vacance du siège épiscopal (après la mort de Bouchard d'Avesnes), le Chapitre avoit donné à Frideric de Liechtemberg, archidiacre de Metz et prévôt de Strasbourg, la garde des principales forteresses de l'Evêché. Aussitôt après sa nomination, Gérard de Relanges l'envoya prier de la continuer jusqu'à son arrivée à Metz. C'est ce que nous apprenons de deux actes de Frideric, conservés dans un ancien cartulaire déposé à la Chancellerie de Vic (2). Par le premier, il déclare qu'il restitue aux administrateurs et vice-gérans de Gérard les châteaux de Lutzelbourg, de Turquestein, de Castres et de Liechtemberg, dont le Chapitre lui avoit d'abord confié la garde , et ensuite l'évêque Gérard lui-même. Cet acte est daté de la veille de l'Assomption 1297. Par le second, en date du samedi après l'Epiphanie 1298, il donne avis aux officiers et commandans de ces châteaux qu'il les a remis au nouvel évêque, et leur recommande de lui obéir, de lui rendre compte des revenus, et de le servir avec fidélité. »

---

(1) P. 487.

(2) C'est le manuscrit , intitulé : *Cartulaire des fiefs de l'Evêché de Metz*, qui forme le nº 10021 du fonds latin, à la Bibliothèque nationale. Les deux pièces citées par les Bénédictins y sont transcrites aux ff. 163 et 154.

La *Notice* (t. I, col. 691) dit, par erreur : « Le château de Lutzelbourg fut *vendu* (lisez : rendu) à l'évêque de Metz, en 1297, par François , archidiacre de l'église de cette ville et prévôt de celle de Strasbourg, avec ses châteaux de Turkestein et de Castel, ou Castres. Thierri Bayer de Boppart, évêque de Metz, les racheta, en 1382, d'Olry de Fénétrange. »

Les possessions des évêques de Metz , dans le territoire dont je m'occupe , ne se bornaient pas au château de Turquestein ; elles comprenaient un certain nombre de villages qui formaient une circonscription féodale ou seigneuriale, désignée sous le nom de châtellenie à partir du xive siècle ; en outre, de vastes forêts avoisinant celles de l'abbaye de Saint-Sauveur et des sires de Blâmont. Leurs limites n'étant pas régulièrement tracées, ces forêts donnèrent lieu à des contestations qui furent cause de plusieurs traités entre leurs co-propriétaires. Le premier fut signé , le mardi après la Saint-Remy 1306, entre l'évêque Renauld de Bar et Henri de Blâmont ; il contient, en dehors de son objet principal, quelques dispositions intéressantes relatives à ce qu'on appelait « entrecours », c'est-à-dire le traité fait entre deux seigneurs , en vertu duquel les sujets de chacun d'eux pouvaient aller s'établir sur les terres de l'autre (1).

« ... Et est à savoir, y est-il dit, que nos et li sires de Blanmont nous sumes escordei que tous les bois où nous partons ensemble, qui sunt de la chastelerie de *Tirkestein* et de celle de Blanmont qu'il soient parti par quatre homes, par quoy nos evesques en aiens nostre pairt... sans le signour de Blanmont, à plux près de Tirkestein,... et le sires de Blanmont en ait sa pairt... à plus près de Blanmont et de Saint Salvour... Et est à savoir que nos évesques desus dis et li sires de Blanmont ne devons avoir nulz entrecours entre nos homes et les suens. Et volons et outroions que

---

(1) C'était aussi le droit qu'avait un possesseur de fief de poursuivre ses sujets justiciables sur les terres d'un seigneur son voisin.

li home et les femmes qui estoient venui desous nos
en nostre esvachié, de meix en meix, et qui estoient
parti de desous le signour de Blanmont pus (depuis) le
jour de la paix faite entre l'esvesque Bouchairt (1) et le
signour de Blanmont, desus dis, aient congiet de nos et
railent arriers desous le signour de Blanmont... ; et
ensi tel semblant, que tuit li home et les femmes qui
sunt parti de nostre éveschié, de desous nos,... et aleis
desous le signour de Blanmont, de meix en meix, aient
congiet dou dit signour... et reveingnent arriers desous
nos... Et avons acordei, nos et li sires de Blanmont,
que desi en avant que tuit cil homes et femmes qui se
partiroient de nostre esvachié, de desous nos, et iroient
desous le signour de Blanmont ou desous ses hors,
persent lour remenance de mueble et de hiéritaige entièrement qu'il aroient en leus et ens bans dont il partiroient. Et en senblant menière, li home et les femmes
qui se partiroient de desous le signour de Blanmont ou
de ses hors et wanroient desous nos, en nostre éveschié, perdiroient ausi leur remenance entièrement,
mueble et hiéritaige qu'il averoient ens leus et ens bans
dont il partiroient... (2) »

Ce traité n'ayant pas mis fin aux différends qui existaient entre Renauld et Henri de Blâmont, ils en firent
un nouveau, le dimanche après les octaves Saint-Pierre
et Saint-Paul de l'année 1314. En vertu de cet accord,
l'évêque eut tous les bois qui étaient entre les rivières

(1) Bouchard d'Avesnes (1282-1296).

(2) Lay. Blâmont I, n° 43. — Cette charte porte les sceaux
de Thiébaut de Bar, évêque de Liège, frère de Renauld ; de
Jean comte de Salm, de l'évêque de Metz et de Henri de
Blâmont.

de Sarre, de Vezouse et « de Donnom » (le Donon ?) jusqu'au ruisseau, suivant les bornes ; et Henri de Blâmont, les bois par deçà la Vezouse et ceux du ban.de Bon-Moutier vers l'abbaye de Saint-Sauveur, jusqu'au bois de ladite abbaye et de celle de l'abbaye de Saint-Symphorien de Metz, suivant les bornes (1). » L'acte porte que le partage a été fait par « monsignor Liétart de Brouville, chevalier ; monsignor Mathelin de Hatineix (Hattigny), chevalier ; par Martin et Guelechoy de Turkestein, etc.

En vertu d'un compromis passé, le 23 août 1344, par l'entremise de Jean, roi de Bohème, entre Adémare, évêque de Metz, et Raoul, duc de Lorraine, au sujet des différends qui existaient entr'eux, il fut convenu que les lettres de 15,000 livres dues par l'évêque au duc, ensemble les gagères, resteraient en leur force, et qu'au lieu des gagères de Rambervillers et de Moyen, Adémare délivrerait à Raoul « le chaisteil de Durkestain et toutes les appartenances et appandizes, en fourteresse et en terre plainne, en toutes haultours et signories » (2).

Pour des raisons qui ne sont pas connues, le comte de Deux-Ponts ayant mis empêchement à la délivrance de Turquestein entre les mains du duc, l'évêque lui donna les château et châtellenie de Fribourg, en attendant qu'il pût remplir ses engagements. Cela ne tarda guère puisque, le jour de la Saint-Michel ou 29 septembre de la même année 1344, il adressait le mande-

(1) Lay. Blâmont I, nᵘ 96.
(2) Lay. Chaligny, nᵘ 11.

ment ci-après (1) à ses sujets de la chàtellenie de Turquestein :

« Ademars, par la grâce de Deu et dou Sainct Siège de Rome, évesques de Mets. A tous nous officiers, maiours, eschavins, doiens et sergens, et aussy à tous nos hommes, nous femmes et subgis des villes de Durkestein, de Boin Mostier, de Bartrimont, de Vallois, de Mesnilz, de Cyreis, de Sainct Curien, de Hatigney, de Warcoville, de Nidrehowe, de Landenges, de Lorchenges, de Arspach, de Giversin, de Rammerspach, de Wilre, de Scwaikesenges, de Haille et de Hermelingne, et à tons ceauls qui, pour cause des choses dessusdictes et de la chastellerie de nostre chastel de Durkestein sont et doient estre obéissans et subgis, saluit. Pour certaines et justes causes, nos avons tout le droit que nous aviens ès choses dessusdictes transpourtei à nostre amei cousin, mons^r Raoul, duc de Loherenne et marchis, pour luy et pour ses hoirs... ; pour coi nous vous mandons et commandons que tantost, sans délai, à la requeste dou pourtour de ces lettres, vous obéys plennement et entièrement à nostredit cousin et à son commandement en tout et par tout, tout ensi et en la manière que vous avez fait à nous et à nous prédécesseurs évesques de Mets, et li délivrez toutes les rentes, yssues et émolumens de toute la chastellerie de Durkestein et des appendises. Et pour ce que vous

____

(1) Il a été imprimé dans les preuves de l'*Hist. de Lorr.*, t. II, col. dcxij ; j'ai cru, néanmoins, devoir le reproduire, d'abord pour rétablir l'orthographe de plusieurs noms de lioux, ensuite parce qu'il donne sujet à un commentaire important.

en soiens plus certein, avons nous faict seeller ces présentes lettres de nostre seel pendant. Que furent faictes l'an de grâce Nostre Seignour mil trois cens quarante et quatre ans, le jour de la sainct Michiel l'archaingle (1). »

Afin de donner encore plus de solennité à l'acte qu'il venait d'accomplir, l'évêque adressa un second mandement, en langue latine, aux ecclésiastiques de son diocèse :

« Ademarius, Dei et Sancte Sedis Apostolice gratia, Metensis episcopus, universis abbatibus, abbatissis, prioribus, priorissis, presbiteris, mercennariis, vicariis et clericis, necnon et omnibus aliis utriusque sexus cujuscunque status sive conditionis existant ad nostrum episcopatum ad castellariam castri Durkelstein et ad ejus appertinencias quoquomodo spectantibus, sive sub dominio ipsius castri residentibus, salutem et dilectionem. Vobis et cuilibet vestrum mandamus et precipimus quatenus dilecto nostro consanguineo Rodulpho, duci Lothoringie et marchioni, et suis heredibus sive successoribus ducibus Lothoringie, in omnibus mandatis, serviciis, consuetudinibus, juribus, tam ratione custodie quam quibuslibet aliis causis quibus nobis astricti estis et esse deberitis, si dictum castrum cum suis appertinenciis haberemus et possideremus, eisdem tanquam nobis per omnia et in omnibus obediatis, et hiis mediantibus vos de premissis mandatis, serviciis et aliis quibus libet causis que nobis facere deberetis integraliter quittamus, volentes quod si vos vel alter ves-

(1) Trésor des Chartes, cartulaire intitulé : Traités et accords (B. 424), f°s 104 v° à 105 v°.

trum in premissis contra nostrum mandatum, in parte vel in toto, erga dictum consanguineum nostrum in aliquo extiteritis rebelles sive inobedientes, vel erga suos heredes et successores duces Lothoringie, quod absit, quod idem consanguineus noster et sui heredes seu successores vos ad premissa possint choartare quoquomodo ipsis placuerit, homines vestros, bona vestra et res et bona hominum et subjectorum vestrorum sasire et recipere que vos tenetis sive tenebatis ante confectionem presentium litterarum in locis supradictis. Datum sub sigillo nostro, anno Domini m. ccc. quadragesimo quarto. »

On voit, par la première des chartes d'Adémare, que la châtellenie de Turquestein comprenait dix-neuf localités, dont quelques-unes assez éloignées du château, qui devait en être le chef-lieu.

Raoul n'en resta pas bien longtemps possesseur. En 1346, voulant récompenser Thiébaut de Blâmont de ses bons et agréables services et l'indemniser des dommages qu'il avait éprouvés durant ses guerres contre l'évêque de Metz et le comte de Bar, il lui donne « le chestel de Durkestein, lai chastelerie awec toutes les villes et bans appandans et appartenans », à charge d'en reprendre ligement de lui devant tous hommes, après l'évêque de Metz, et sous la condition qu'il pourra les racheter, lui ou ses successeurs, moyennant la somme de 2,000 livres de petits tournois. Cet acte stipule, en outre, qu'il sera loisible à l'évêque de faire ce rachat, en payant les 2,000 livres (1).

C'est ce qui eut lieu, quelques années après (1350),

____

(1) Lay. Blâmont I, nᵒ 101.

du consentemènt de Marie de Blois, régente pendant la minorité du duc Jean, son fils (1). Presque en même temps, l'évêque engage de nouveau au seigneur de Blâmont, envers lequel il se reconnaît redevable de 2,000 livres qu'il lui avait prêtées pour faire le rachat ci-dessus, plus, de 2,000 florins à l'écu, de bon or, du coin du roi de France, ses « chastel et chastellerie de Durquestain » et tout ce qu'il peut avoir aux villes ci-après, savoir : « *en la ville de Durquestain*, en la ville de Lorchoinge, en la ville de Landoinge, en la ville d'Arspac, en la ville de Hategney, ceu quil (qui) appartient audit chastel et chastellerie d'anciennetei ; en la ville de Warconville, en la ville de Nydrehowe, en la ville de Sainct Curien, en la ville de Walpreixewilre, en la ville de Xewobrehusre, en la ville de Hermelingre ceu quil appartient d'anciennetei audit chastel et chastellerie ; en la ville de Framonville ceu quil appartient audit chastel et chastellerie ; à Remmenixepat ceu quil appartient d'anciennetei audit chastel et chastellerie ; on Mesny deley Halloville ceu quil appartient audit chastel et chastellerie ; on vaul de Boinmostier, c'est assavoir en la ville de Boinmostier, en la ville de Bertimont, en la ville de Yallay », ce qui appartient et a appartenu d'ancienneté auxdits château et châtellenie de Dur-questain, et toutes les gardes et maisons de religion en dépendant, etc. (2).

A la mort de Thiébaut, sa succession fut partagée entre ses enfants par les arbitres que ceux-ci avaient

(1) Lay. Blâmont, fiefs, n° 54.
(2) Cartulaire Blâmont, domaine (B. 346), f° 72.

choisis, lesquels disent, dans l'acte dressé à cet effet le
2 mars 1379 :

« ... Ordenons et rappourtons que le chaistel et fourteresse de *Durkestain*, avec toutes les villes et appartenances quelconques, bans et finaiges appartenans audit
chaistel et fourteresse, soient et appartengnent de plain
droit à damezelle Marguerite de Blanmont, seur desdis
frères, pour sa partie et enchoite desdites successions,
et vuillons que lesdis frères la maintient dez maintenant
en paixible et raielz et corporelz possession, sans ceu
qu'eulx ne autres pour eulx y mettient et faissient mec-
tre empeschement... Et on cas que ladicte fourteresse
de *Durkestain*, villes et appartenances d'icelle, seroient
raichetées, vuillons et rappourtons que l'argent paiez
et délivrez pour ledit raichet soit et appartengne à ladicte damezelle Marguerite de Blanmont, pour lui et
pour sui hoirs... (1) »

Il paraît que les évêques de Metz firent, peu après,
ce rachat, car, le 22 décembre 1402, Raoul de Coucy
assigna à Henry de Blâmont, par manière de gagère,
pour 1,000 florins vieux dont il lui était redevable, les
château et châtellenie de *Durquestain* (2).

———

Non loin du château de Turquestein s'élevait celui de
Chatillon, qui était aussi un fief de l'Evêché de Metz, et
le chef-lieu d'une châtellenie. Il avait été construit,

(1) Cartulaire Blâmont, domaine (B. 346), fº 32 vº.
(2) Lay. Blâmont II, nº 3.

avant l'année 1324 (1) par Henri de Blâmont, qui en fit ses reprises, cette année, de l'évêque Henri Dauphin. Cette terre passa ensuite à d'autres seigneurs, qui eurent, à plusieurs reprises, des contestations avec ceux de Turquestein au sujet de « l'entrecours » de leurs hommes de ces châtellenies. Un premier accord eut lieu à ce sujet, en 1390, entre Henri de Blâmont et Jean de Vergy, par l'entremise de Thiébaut de Blâmont, sire de Velesson, qu'ils avaient choisi pour arbitre, et qui rendit sa sentence en ces termes : « Que tous les hommes et femmes de la signorie de Chaistillon, qu'est à signour Jehan de Vergy, qui sont allez par contreman ou entrecourt desoubz le signour de Blanmont, tant à sa signorie de *Trukestain*, qu'il tient à présent, comme à sa signorie de Blanmont, dès le temps que ledit signour Jehan de Vergy ait esteit signour de la dite Chaistillon, doient revenir et reviennent paisiblement, dès maintenant, à dessusdit signour Jehan de Vergy... Que tous contremans que sont et ont esteit d'ancienneteit entre lesdites signories de *Trukesten* et de Blanmont et les villes de ladite signorie de Chaistillon, sont et doient demoreir en lour usaiges, en lour estat et en lour force, einsi comme il est useit ez dessusdites signories d'ancienneteit... (2) »

<hr>

(1) Et non en 1349, comme le dit Dom Calmet (*Notice*, col. 687).

Des lettres de Henri Dauphin, « élu et confirmé de Metz », du mois de mai 1324, portent que Henri de Blâmont a repris de lui « une sienne forteresse *qu'il avoit fait de noveil ;* laiqueile on appelle *Chaistillons*, laiqueile il disoit estre de son aleuf, essise entre Blâmont et Turkestein ». (Lay. Blâmont I, n° 77.)

(2) Cartulaire Blâmont, domaine (B. 346). f° 83.

En 1408, le mardi après l'Annonciation Notre-Dame, les seigneurs dont il vient d'être parlé firent un nouvel accord dans le même sens, mais plus explicite que le précédent. « ... Que nous nos hommes, y est-il dit, que sont de morte main et de serve condition, tant des chastelleries de *Durquelstein* ét de Blanmont, comme de Chastillon, ne se puelent ne porront contremander desoubz l'un de nos ne l'autre ne nos ne l'un de nos ne les porrons retenir, mois vollons et consentons, pour nos et nos hoirs, que si tost qu'il viendra à la cognissance de nos ou l'un de nos que aucuns des dis hommes de ladite condicion avera fait contremant, que celuy de desoubz cuy il serai partis, par lui, ses gens ou officiers le puissent prendre ou faire prendre en quelque lieu qu'il serait trouvez, de sa propre auctoriteit, hors fourteresse, et l'en remenner ou faire menner au lieu et condicion dont il serait partis ; et se aucunement aucuns de yceulx hommes et condicion que dessus vienent ou sont en alcunes de nos forteresses, nos ne les soustendrons point l'un contre l'autre, mais incontinant les boutterons chascun de nos en droit soy hors de nos fourteresses et masons si tost qu'il vendra à nostre cognissance. Et tous ceulx que on temps passez se sont contremandez, nos et chascun de nos en levons la main l'un de nos à l'autre pour les prendre et remenner demourer chascun en droit soy au lieu dont ilz sont partis (1)... »

Les sires de Blâmont restèrent détenteurs, à titre de gagère, de la châtellenie de Turquestein jusque dans la

—

(1) **Lay. Blâmont II, n° 18.**

première moitié du xvᵉ siècle : en 1432, Conrard Bayer de Boppart leur ayant versé la somme de 2,000 livres de petits tournois et celle de 1,000 florins du Rhin pour lesquelles cette gagère avait eu lieu, ils rendirent à ce prélat les lettres contenant les traités passés pour cet objet avec ses prédécesseurs, et celui-ci les déclara quittes de tout ce qu'ils pouvaient avoir levé des revenus de la châtellenie depuis qu'elle était entre leurs mains (1).

Quoique les lettres de Conrard stipulent formellement le paiement fait par lui aux seigneurs de Blâmont, il ne paraît pas qu'il eût été entièrement libéré envers eux ; c'est, du moins, ce qu'on peut supposer d'après de nouvelles lettres, datées du jour de la Saint-Laurent (10 août) 1433 (2). Elles font voir que le domaine de Turquestein s'était notablement amoindri entre les mains de ses engagistes, et que ceux-ci avaient peu fidèlement rempli les devoirs qui leur étaient imposés à titre de fieffés des évêques de Metz.

Après y avoir rappelé les gagères faites à Thiébaut et Henri de Blâmont, en 1350 et 1402, l'évêque ajoute : « Comme il soit que, pour les guerres que ledit Thiébaut, et ses hoirs après lui, aient eues avec les seigneurs des marches d'Allemagne, et aussi pour les pestilences et mortalité qui ont régné ès marches par deçà, les villes, terres, rentes et revenus des châtels et châtellenies qui pouvaient valoir chacun an, au temps où elles furent mises en gage ès mains dudit seigneur Thiébaut,

____

(1) Layette Salm, nᵒ 9. — Lettres du 10 novembre.

(2) Elles sont imprimées dans les preuves de l'*Histoire de Metz*, t. V, p. 280.

la somme de 4 ou 500 livres, monnaie de Metz, ont été
tellement détruites et diminuées, ruinées et amoindries,
qu'elles ne valent pas plus de 100 livres de censive
annuelle et de droits, et que la plus grande partie des
villages qui en dépendaient sont détruits et inhabitables,
spécialement les villes de Turquestein, Lorquin, Landange, Aspach, Warcoville, Niderhoff, Vasperviller,
Schowbrehusre, Hemehusre, èsquelles n'a homme ne
femme demeurant, ne n'y a point d'espérances que, au
temps advenir, y doive venir demeurer personne, pour
quoi sont déserts les champs, prés, terres arables, qui
sont converties en bois et haies, et aussi pour ce que le
peuple va, chacun jour, en diminuant ;

» Et il soit encore ainsi que messire Henri de Blâmont, dernièrement trépassé, ait fait guerre ouverte au
seigneur Raoul de Coucy, jadis évêque de Metz, et à
l'Evêché, et, en faisant ladite guerre, ait fait plusieurs
gros et griefs dommages, issant de ladite forteresse de
Turquestein et rentrant en icelle, comme feux boutés,
prises de corps d'homme, bêtes et biens meubles, et
autrement ; ce qu'il ne devait faire par raison, tenant
ladite forteresse en fief et hommage de l'Evêché de
Metz.

» Et depuis le trépassement dudit seigneur, Henri,
son fils et héritier, ait pareillement fait faire plusieurs
dommages, déplaisirs et injures, de notre temps, à plusieurs de nos hommes et sujets, issant de ladite Turquestein et rentrant dans icelle, comme de toutes ces
choses sommes dernièrement été informé ; pourquoi
nous était de nécessité de racheter et retraire ladite
forteresse et châtellenie de Turquestein, avec leurs
appartenances, des mains des seigneurs de Blàmont,

afin que tels dommages, déplaisirs et injures ne fussent faits dorénevant, de ladite forteresse, à nous ni à nos successeurs. Mais, pour ce que plusieurs desdits villages appartenant à ladite Turquestein et châtellenie sont allés à néant et inhabitables, et que les rentes et revenus d'icelles sont amoindris, et spécialement, que le maisonnement et les murs de ladite forteresse ont été petitement maintenus en édifice, et tellement que, pour les remettre en état, comme ils étaient, nous faudrait trop grosses sommes, n'avons mie trouvé en conseil de racheter et retraire lesdits châtel et châtellenie pour telles grosses sommes ci-dessus déclarées, qui peuvent monter à la valeur de 6,200 vieux florins du Rhin, de bon or et de juste poids... »

Jean d'Haussonville, seigneur de Chatillon, et Irmengarde d'Elter, sa femme, ayant offert à l'évêque de racheter des mains de Ferry de Blâmont et de ses frères, enfants de feu Thiébaut, et de Marguerite de Lorraine, veuve de ce dernier, les château et châtellenie de Turquestein, pour les sommes ci-dessus, Conrard leur permit de faire ce rachat ; ils promirent de les tenir à toujours de lui en fief rendable et receptable, de remettre le château en bon et suffisant état de tous édifices, pour l'en aider au besoin et à sa volonté.

Ils firent ratifier cet engagement, quelques jours après (24 août), par Jacques, leur fils, et par le mari de leur fille, Jacques de Savigny. En 1453, Nicolas Sturm, de Sarrebourg, bailli des frères Gaspard et Balthazar d'Haussonville à Turquestein, renouvelant un acte du même genre, dressé en 1450, déclare que l'évêque de Metz est libre de se servir des ouvertures à lui accordées dans cette forteresse, comme le lui ont reconnu Jean d'Haussonville et sa femme.

Ce dernier, paraît-il, avait traité avec les seigneurs de Blâmont, pour le rachat de la seigneurie de Turquestein; plus tôt qu'il n'a été dit précédemment, car, dès l'année 1430, il vendait au comte de Linange-Réchicourt et au jeune comte Rudolf, son fils, le quart de la seigneurie et le château de Turquestein pour la somme de 25,000 florins, se réservant toutefois le droit de rachat (1).

Ce fait fournirait l'explication d'un titre, en allemand, daté du lundi après l'Assomption Notre-Dame 1490, dont l'inventaire du Trésor des Chartes (2) donne l'analyse suivante : « Lettres de Wecker, comte de Linange, Réchicourt et Dabo, portant que, n'ayant point d'enfants de dame Mahant des Armoises, comtesse de Linange, sa femme, et la plupart de ses seigneuries situées de l'autre côté de la Sarre étant fiefs masculins mouvant de l'Evêché de Metz et y reversibles, et pour les services qu'il a reçus de Georges et Henri, évêques de Metz, il cède à toujours, en tout droit de propriété, auxdits évêques (3), la moitié du comté de Réchicourt, ville et château,... SA PART aux châteaux de Molsprich (Marimont), Turquestein, Chatillon (*zu Turckstein und zu Chastillon*) et de Marmoutier,... sa part au château de Saareck,... et tous ses biens de franc alleu,... sans en rien réserver. »

Ce titre paraît en contradiction avec deux autres que rapporte M. Fischer d'après les Archives de Lorraine,

____

(1) Fischer, d'après les Arch. de Lorr., fonds de l'Evêché de Metz, S. G. 1, verso, p. 231.

(2) Lay. Fiefs divers II, n° 39.

(3) C'est-à-dire aux évêques présents et à venir.

fonds de l'Evêché de Metz : le premier est un acte du
11 septembre 1460, par lequel Balthazar d'Haussonville
se reconnaît vassal de l'évêque de Metz à cause de la
forteresse de Turquestein ; le second, du 10 avril 1464,
une promesse de son bailli, Cugnin Boutefeu, de sortir
de cette forteresse à la première réquisition de l'évêque.

Balthazar, que la Généalogie de la maison d'Haussonville (1) qualifie baron dudit lieu et de Turquestein, eut
de son mariage avec Anne d'Anglure, entr'autres enfants :
Gaspard, baron d'Haussonville, gouverneur des ville
et comté de Blâmont, etc. ; Simon d'Haussonville, chevalier, baron dudit lieu, d'Ornes et de Turquestein, etc.,
mort en 1526 ; Jean d'Haussonville, chevalier, seigneur
d'Essey-lès-Nancy, d'Haussonville et de Tonnoy en partie, sénéchal de Lorraine et bailli de l'Evêché de Metz,
marié, en 1535, avec Catherine de Heu, dame d'Essey,
laquelle était veuve en 1548, lui laissant un fils et trois
filles, savoir : 1° Balthazar d'Haussonville, chevalier,
baron d'Essey, gouverneur de Nancy, grand maître de
l'hôtel du duc Charles III, marié, en 1561, à Anne de
Salm, et mort sans postérité ; 2° Claude, mariée à Gaspard de Marcossey, seigneur dudit lieu et de Goin,
grand écuyer de Lorraine et bailli de Clermont ; 3°
Jeanne, dame d'Essey et de Tonnoy en partie, mariée,
en 1586, à Jean de Savigny, seigneur de Rosnes, grand
écuyer de Lorraine et bailli de Nancy ; 4° Anne d'Haussonville, abbesse de Saint-Pierre de Metz.

La qualification de *baron* de Turquestein, aussi bien
que celle de *baron* d'Essey, sont de pure fantaisie :

______

(1) Imprimée à la suite de l'*Histoire de la maison des
Salles* (par le P. Hugo), preuves, p. xxj.

Jean d'Haussonville prend simplement celle de *seigneur* dudit lieu, d'Essey-lès-Nancy en partie et de Turquestein dans l'acte par lequel, le 6 février 1535, il fonda dans le château de ce dernier lieu, conjointement avec Catherine de Heu, sa femme, une chapelle qui devait être desservie par les religieux de Haute-Seille (1).

En 1541, les domaines de Turquestein et de Chatillon appartenaient par indivis au même Jean d'Haussonville, à Claude d'Haussonville, chevalier, baron dudit lieu et d'Ornes, premier pair de l'Evêché de Verdun; à Philippe des Salles, chevalier, seigneur de Gombervaux, à cause de Renée d'Haussonville, sa femme; à Georges de Nettancourt, chevalier, seigneur de Vaubecourt, à cause de Marguerite d'Haussonville, sa femme, « et tous par ensemble seigneurs de Turquestain et de Chatillon ».

Quoique les d'Haussonville fussent bien possesseurs de ces terres, la duchesse régente de Lorraine Christine de Danemark, à qui le comté de Blâmont avait été donné pour douaire lors de son mariage avec le prince François, qui régna sous le nom de François Ier, eut l'idée, en 1549, de soulever des prétentions sur la châtellenie de « Triquestain », comme douairière de Blâmont, bien que les seigneurs de ce nom ne l'eussent jamais tenue qu'à titre de gagère. Elle nomma pour procureur, à l'effet de faire valoir ses droits, Me Michel Bouvet, licencié en lois, procureur général au bailliage de Bar, et choisit pour arbitres l'abbé de Saint-Martin de Metz, sieur de Sorcy, et le sieur de Bassompierre, bailli de Vosge; ceux des sieurs de Turquestein, Chatillon et Hattigny,

_____

(1) V. pièce justificative IX.

« leurs hommes et sujets », furent l'abbé de Bouzonville et messire Michel de Gournays, chevalier ; le procureur du cardinal de Lorraine joint, « pour le regard de ladite seigneurie de Triquestain », sans doute en sa qualité d'évêque de Metz (1).

Il ne paraît pas que les prétentions de la régente, nonobstant l'influence dont elle jouissait, eussent été déclarées admissibles, car nous voyons, en 1561 et 1565 (2), Balthazar d'Haussonville, conseiller et grand maître de l'hôtel de Charles III, qui avait épousé Anne comtesse de Salm, et African d'Haussonville (3), baron dudit lieu et d'Ornes, continuer à prendre la qualité de seigneurs de Turquestein (4).

En 1575, Chrétien de Savigny, seigneur dudit lieu, de Rosnes et de Tonnoy, Essey-lès-Nancy, Turquestain, etc., et Antoinette d'Anglure, son épouse, donnent procuration à leur receveur au lieu d'Essey pour vendre à Pierre de Chastenoy, seigneur de Lanty,

______

(1) Layette Blâmont III, n° 43. — La procuration, en parchemin, datée du 22 septembre, porte la signature de la duchesse (*Chrestienne*), tracée d'une main toute virile, qui dénote son caractère.

(2) B. 33, f° 291, et B. 37, f° 154.

(3) En 1558, African d'Haussonville, qui avait fixé sa résidence au château de Zufall, près de Lorquin, partagea ses biens entre ses enfants. Les baronnies de Saint-Georges, Lorquin et Turquestein passèrent en différentes mains. Cette dernière échut à African d'Haussonville, II° du nom, et à Chrétien de Savigny, seigneur de Rosnes et de Tonnoy, qui la reçurent en fief de l'évêque de Metz. En 1568, ils donnèrent des lettres reversales dans lesquelles leurs propriétés respectives sont exactement indiquées. (Fischer.)

(4) Le mot est écrit *Terkestain* dans les lettres patentes de 1561.

deux tiers du gagnage de Hambourg, les gagnages de
Landange et celui d'Aspach, « le tout scis et scitué en
la terre et seigneurie de Turquestain ». Cet acte est
scellé du « scel du tabellionnaige Monseigneur de Haussonville de sa seigneurye de Turquestain » (1).

M. Fischer rapporte, d'après les Archives de la Basse-
Alsace et celles de la ville de Strasbourg, des événements sur lesquels nos historiens gardent le silence le
plus absolu. En 1569, dit-il, les passages des troupes
auxiliaires qui furent enrôlées pour le compte de la
France, et des lansquenets soudoyés par les huguenots,
causèrent beaucoup de désordres et donnèrent même
lieu à des hostilités tant en Alsace qu'en Lorraine. Le
duc Charles III, sentant la nécessité de se fortifier da-
vantage, s'empara sans bruit des châteaux de Turquestein et de Chatillon. Mais le comte palatin Jean de Vel-
denz, seigneur de Lutzelstein (2), l'accusa près de
l'empereur d'un acte qu'il regardait comme une invasion
sur les terres de l'Empire, et pria celui-ci de rassembler
une armée pour reprendre ces deux forteresses, ainsi que
la ville de Metz.

Cette démarche ne paraît pas avoir eu de résultat
immédiat ; mais, en 1574, un corps de tireurs gascons,
que le comte s'apprêtait à conduire en France, envahit
la Lorraine, dévasta les terres de l'Evêché de Metz,
détruisit le château de Moersperg, chassa les Lorrains

______

(1) Lay. Blâmont III, nᵇ 53. — Le sceau est complètement
fruste.

En 1586, le même Chrétien de Savigny donne à Claude
de Neufville la gagnage de Turquestein (Lay. Salm, nᵒ 69).
La pièce n'existe plus.

(2) La Petite-Pierre.

de ceux de Turquestein et de Chatillon, et les remit au comte. A la nouvelle de ces événements, l'évêque Louis de Lorraine, cardinal de Guise, envoya une troupe à Réchicourt pour protéger le territoire épiscopal. On ne dit pas ce qu'il advint des deux forteresses dont il vient d'être question.

Quoique les terres de Turquestein et de Chatillon fussent des fiefs de l'Evêché de Metz, les comtes palatins y jouissaient de certains droits à cause de leur seigneurie de Phalsbourg ; ils passèrent au duc Charles III lorsqu'il fit l'acquisition de cette seigneurie sur le comte Georges-Jean, en 1583. Ces droits sont ainsi énumérés dans le compte du domaine de Phalsbourg pour l'année 1589 (1) :

« Les maisons, seigneuries, monastères et villages qui suyvent... sont en la sauvegarde et protection de Son Altesse et payent par chacun an les sommes cy après, lesquelles le maire des sauvegardes, demeurant à Hattigny, lève

» Et premier.

» La seigneurie de Durckstein.

» Les subjectz appartenantz à Monsieur de Haussonville aux villages deppendans dudit Durckstein, qui sont Hettigny, St George, Landlingen, Hablutzel, Rogern, Bertramboys et Farren doibvent, par chacun an , d'ordinaire, à Son Altesse, la somme de six florins quattre batz trois creutz.

» Les subjectz appartenans à Messieurs de Marcous-

(1) B. 8073, f° 56.

sey (1) et de Rosne, deppandant de la seigneurie de Durckstein, qui sont Lorquin, Feckelfing, Niderhan, la Neuve ville, lè Neu Moullin et Leffelbron doivent rendre d'ordinaire, pour ledict droict de sauvegarde, la somme de six florins quinze batz trois creutz (2) ».

Il est à noter qu'il n'est pas question ici de Turquestein, en tant que village, et qu'il n'en est fait mention dans aucun document postérieur.

—

Au commencement du xviie siècle, la terre de Turquestein. cessa d'être dans l'état d'indivision où nous venons de la voir : elle n'eut plus qu'un seul possesseur, des mains duquel elle passa dans le domaine particulier des ducs de Lorraine. Ce possesseur fut François de Lorraine, comte de Vaudémont, père de Charles IV. On ignore le motif qui put l'engager à en faire l'acquisition, les pièces qui la précédèrent ayant toutes disparu (3) ; ce fut peut-être la proximité des domaines qui appartenaient à sa femme, Christine de Salm.

A défaut de ces pièces, je crois devoir en donner l'indication, d'après l'Inventaire, suivant l'ordre qu'elles y occupent, afin que l'on puisse juger de l'intérêt qu'elles présenteraient.

(1) Il est fait mention, en 1584, de Claude d'Haussonville, dame de Marcossey, Gouin, Haussonville, Turquestein en partie. (H. 579.)

(2) Suit ce qui concerne la seigneurie de Chatillon, comprenant les villages de Cirey, Guetmunster (Bon-Moutier), Petit-Mont, Harboué et Ibigny, appartenant à M. de Thons.

(3) Elles se trouvaient au Trésor des Chartes, dans la layotte Salm.

Sans date. — Rapport du gruyer de Nancy et de Didier Desjardins, maître maçon (1), de la value et estimation de *la maison* ou *château* de la baronnie de Turquestein.

1599, 7 avril. — Visite faite par Millot, prévôt de Vaxy, du château de Turquestein.

1599, 24 avril. — Lettres de François de Lorraine, comte de Vaudémont, et de Christine, comtesse de Salm (sa femme), qui donnent pouvoir au sieur de Vuillermin et à Jean Terrel de s'informer exactement des revenus de la terre de Turquestein et en faire l'achat. — Ensuite est le recueil des rentes dudit Turquestein.

1601, 25 septembre. — Lettres de François de Lorraine qui commet Jean Terrel pour prendre possession des château, terre et seigneurie de Turquestein et gérer ses affaires pendant son voyage en France.

1601, 17 octobre. — Acte de prise de possession par Jean Terrel.

Celui-ci était secrétaire des commandements, trésorier et receveur général des finances du comte de Vaudémont, et il nous apprend, dans son compte de l'année 1600 (2), à quel prix s'était faite l'acquisition qu'il avait été chargé de conclure :

« Le trésorier fait dépense de la somme de 72,450 fr. qu'il a payés, le dernier août de cette année, à M. le vicomte d'Estoges (3), sur et en tant moins de celle de

----

(1) C'était l'architecte du comte de Vaudémont.

(2) B. 1264, f° 90.

(3) Balthazar d'Haussonville, qui vivait en 1488, avait épousé Anne d'Anglure, fille de Simon, dit Saladin d'Anglure, seigneur d'Estoges, etc. (Généalogie de la maison d'Haussonville, p. xxij.) Ce serait donc comme légataire des d'Hausson-

172,622 fr. 9 gros, à quoi monte le contrat de vendition de la terre et seigneurie de *Turquestain* faite à Monseigneur par ledit sieur vicomte, tant en son nom que de ses frères et sœurs ; le surplus payable en deux années suivantes, savoir : en 1601, 79,000 fr., et en 1602, 21,172 fr. 9 gros. »

Si l'on en juge par le chapitre du compte de l'année 1603 (1) intitulé : « Recette de deniers provenant de la baronnie de Turquestein » , le revenu de cette terre aurait été bien minime comparé au prix d'acquisition, puisque la rente ne s'élève qu'à la somme de 3,704 fr. 1 gros 13 deniers « obol et demi ».

Peut-être faut-il ajouter à la recette de ce qu'on appelait le domaine, celle de la gruerie ou des bois qui, bien qu'indivis entre plusieurs possesseurs (2), devaient donner des produits considérables ; de plus, l'amodiation des cours d'eau, des scieries et des étangs (3).

Pour le domaine, il y avait un receveur, qui était en même temps châtelain ou gardien du château (4) ; pour

ville, par les femmes, que le vicomte d'Estoges aurait vendu la terre de Turquestein au comte de Vaudémont.

(1) B. 1280. — Les deux précédents n'existent plus.

(2) D'après le « Contrôle de la gruerie des terres et baronnies de Turquestein, Saint-Georges et Chatillon » pour l'année 1631, les bois de ces baronnies ne comprenaient pas moins de 15,857 arpents, dont 6,284 pour ceux qu'on appelait *les Marches de Turquestein.*

(3) En 1669, le prix de cette dernière amodiation fut de 350 fr. (B. 1520, f° 51.)

(4) De 1625 à 1633 ce fut François Vallée ; de 1664 à 1667, Pierre de La Haye, qui cumulait les fonctions de « capitaine, haut officier, gruyer et receveur ». (B. 114, f° 83, et 9535.)

les forêts, un gruyer ; il y avait, en outre, sous le titre de procureur d'office ou procureur fiscal, un troisième officier, chargé de l'intérêt public et de celui du seigneur.

Au nombre des recettes du domaine figuraient les « tailles à volonté ». Un état de celles qui furent payées, en 1615, par les sujets de « la baronnie de Turquestain et de St. George » (1), donne le rôle des villages qui la composaient et le chiffre auquel les habitants furent « eschaqués », le fort portant le faible, savoir : Niderhoff, 170 fr. ; Fraquelfing, 155 ; Neuf-Moulin, 150 ; Aspach, 120 ; Lafrimbolle, 45 ; Saint-Quirin, 50 ; Saint-Georges, 472 ; Hattigny, 520 ; Landange, 380 ; Bertrambois, 130 ; Hablutz, 80 ; Richeval, 130 ; Petit-Mont, 240 ; en tout, 2,642 fr.

Voulant donner plus de lustre à son nouveau domaine, le comte de Vaudémont demanda, en 1613, à l'empereur Mathias d'accorder aux baronnies de Saint-Georges et de Turquestein, au territoire d'Angomont et à une partie de celui de Chatillon, qu'il avait nouvellement acquis, les mêmes droits régaliens que ceux dont il jouissait dans le comté de Salm, notamment le pouvoir d'y frapper monnaies d'or et d'argent comme faisaient les ducs de Lorraine et les évêques de Metz dans leurs états (2). Cette requête parvint bien à sa des-

---

(1) B. 9534. — L'Inventaire de la layette Salm mentionne (n° 163) sous la date du 28 avril 1618, une requête adressée au comte de Vaudémont par les communautés des villages de Saint-Georges, Hattigny, Landange, Bertrambois, etc., tous dépendant de sa baronnie de Saint-Georges, *réunie à celle de Turquestein*, avec le décret portant confirmation de leurs chartes et interprétation sur leurs affouages.

(2) Lay. Salm II, n° 30. — On sait que le prince fit battre monnaie à Badonviller, capitale du comté de Salm.

tination, témoin le cachet impérial qui y est apposé, mais on ne voit pas qu'il y ait été fait droit.

Le seul monument sigillographique qui se rapporte à la possession des baronnies par le comte de Vaudémont, est un sceau en cuivre du tabellionnage de Turquestein, portant aux 1 et 4 de Lorraine, aux 2 et 3 de France, qui étaient les armoiries de François de Lorraine comme de Vaudémont.

Charles IV hérita des droits de son père sur les baronnies, mais il ne jouit pas longtemps de ce domaine. Les montagnes et les forêts qui semblaient devoir lui servir de rempart, ne le mirent pas à l'abri de l'invasion étrangère ; l'année qui suivit la mort du comte de Vaudémont, arrivée en 1632, la terre de Turquestein était envahie par des bandes armées (1), qui, comme

(1) La layette Salm (n°ˢ 112 et 106) mentionne les pièces suivantes, qui n'existent plus : « 5 Juillet 1633. Lettre du sieur de Lusburg (Lutzelbourg) au sieur de la Vallée au su-

partout ailleurs sans doute, pillaient et incendiaient les lieux qui se trouvaient sur leur passage. Vint ensuite, pour mettre le comble à la misère des habitants, le logement des gens de guerre de l'armée lorraine (1). Les châteaux ne furent pas plus épargnés que les villages : en 1634, sur l'ordre du roi, ou plutôt du cardinal de Richelieu, on détruisit celui de Turquestein et probablement aussi ceux de toute la contrée.

, L'état misérable auquel le pays fut réduit est attesté par les comptes des receveurs, dont les mentions sont plus éloquentes que des phrases. Ainsi, en 1651, les domaines de Turquestein et Saint-Georges étaient affermés pour la modique somme de 50 risdallers ou 200 fr. (2) ; et encore ne les payait-on pas. Le comptable remontre, en 1659, que « le domaine des lieux de Turquestein et St Georges a esté cy devant laissé à feu Monsieur le conseiller Humbert à charge d'en rendre cinquante risdallers par chacun an ; mais, pour l'an cinquante quatre et les suivantes, il n'en a pu estre tiré aucune chose ; et, ayant interpellé le sieur colonnel

jet de la cavalerie de M. de Sasse qui était sur la terre de Turquestein ». — « 11 Juillet 1633. Lettre écrite de Sarrebourg, par le sieur de Custigny, au sieur Vallée, capitaine de Turquestein, au sujet des soldats qui étaient logés à Niderhoff, terre de Turquestein ».

(1) « 15 Août 1633, Billet du sieur de Grandmaison, lieutenant-colonel au village de Hattigny, qui a souffert le logement de douze compagnies du régiment du marquis de Bassompierre. » (*Ib.*, n° 113.)

(2) « Compte 4e que rend Charles Souart, estably à la recepte générale du domaine de Son Altesse, des deniers par lui touchéz pendant l'année 1651. » (B. 1510.)

de Bellerose, comme héritier dudict sieur Humbert, il
a faict responce qu'il ne jouyssoit dudict domaine, ains
les François, et que, par conséquent, il ne devoit
rien (1). »

L'occupation dura jusqu'au traité de Vincennes, par
lequel, en 1661, Charles IV fut remis en possession de
ses Etats. Il confia l'administration des baronnies à un
officier spécial, dont on possède les comptes pour les
années 1665 et 1666 ; j'en reproduirai les passages les
plus intéressants.

« Compte premier de la baronnie de Turquestain, en
ce qui regarde le dommaine, provenant d'acquest fait
de feu l'Altesse de Monseigneur le duc (2), obvenu par
partage à Son Altesse, que rend Pierre de La Haye,
capitaine, hault officier, gruyer et recepveur des baronnies de Turquestain et Sainct George (3),... commen-
ceant au 1er janvier 1665 et finissant à pareil jour de
l'an 1666.

« Et premier.

» Déclaration des droits et authorités de la baronnie de
Turquestain à la parte (4) de Son Altesse.

» A luy seul appartient le chasteau de Turquestain,
qui estoit, auparavant les guerres, d'une belle et ample
surcuit ; mais, par ordre de Sa Majesté, a esté desmoly

---

(1) Compte 9e de Charles Souart.

(2) François II, qualifié auparavant comte de Vaudémont.

(3) Il est dit plus loin que les baronnies de Saint-Georges
et de Chatillon avaient été données par le duc au sieur
Roussel.

(4) V. ci-après les noms des co-seigneurs.

en l'an 1634 (1), au desoub duquel il y a une cense
ruinée, servant de basse court, accompagnée de grande
quantité de terres labourables et preys, qu'est le dommaine dudict chasteau.

» Lesquelles terres et preys tous les subjectz laboureurs des villages cy après desnommés sont tenus
labourer, tant aux bleds qu'aux avoines, et en faire les
charrois...

» Pour la garde ordinaire du chasteau y a (2) quinze
harquebusiers subjectz de Sainct Quirin, qui s'eslisent
annuellement par un commandeur d'entr'eux, ausquels
l'on donne la simple nourriture, faisans la garde.

» Comme aussy le surplus des subjectz dudict Sainct
Quirin sont tenus au guet nocturne, et, lorsqu'ils n'y
sont employés, payent dix frans annuellement.

» Et, en temps de guerre, tous autres subjectz de
Sadicte Altesse sont responsables audict chasteau et
tenus à la garde d'iceluy, sauf ceux de Dongevin qui
sont encore par indivis avec Sadicte Altesse et les sieurs
du Chastellet.

» Tous les laboureurs et manouvriers sont tenus de
faire et mettre en cordre le bois nécessaire pour l'af-
fouage du chasteau, et charroyer ledict bois, en donnant
à chacune personne travaillant et charroyant, une mi-
chette de pain à chacune fois.

» Aussy sont les laboureurs et manouvriers subjectz

---

(1) Une mention du Contrôle de la gruerie (1631), cité
plus haut, porte que « par les orages des vents des 13, 14 et
15 novembre, douze pieds environ de large du corps de logis
du château furent emportés ».

(2) Ce qui veut dire : il y avait autrefois.

de travailler, faire les charrois des matériaux nécessaires aux reffections dudict chasteau, bassecourt et autres maisons, moulins et estangs de ladicte barronnie, ensemble de charroyer tous bois nécessaires aux reffections du chasteau de Tonnoy jusqu'à Donjevin, en donnant, par chacun char, dix gros ; et les subjectz de Sadicte Altesse à Donjevin tenus de les mener audict Tonnoy moyennant leur nourriture, comme au charrois des grains, cy après.

» Item, S. A. est seigneur hault justicier, moyen et bas, sans parte d'autruy, et en tiltre de baronnie, ès villages de Niderhoff, Fraquelfing, Aspach, Neuf Moulin et Lafrembonne, en matière civile seulement, des causes qui s'audiancent et des sentences qui se rendent pardevant les juges ordinaires desdicts villages y ayante appellation, elles viennent au buffect et appartiennent à Sadicte Altesse, pour l'amende de chacune appellation cinq frans.

» Le signe patibulaire de laquelle baronnie est érigé sur le ban de Lorquin (1), à trois pilliers, avec un carquant posé contre un pillier de la halle de Lorquin, où et auquel signe patibulaire Sadicte Altesse, de sa seule authorité, peut faire toutes sortes d'exécutions comme des autres villages cy devant, si bon luy semble.

» Est Sadicte Altesse haulte justicier seul au lieu de Sainct Quirin, ayant instruction de procès privative-

---

(1) Le Contrôle de la gruerie nous apprend qu'en 1631, le signe patibulaire, érigé au ban de Lorquin, sur trois pilliers de bois, étant tombé par pourriture, on jugea expédient d'on faire ériger un nouveau, sur trois pilliers de taille ; à l'effot de quoi, marché fut passé avec un maître maçon de Hesse pour la somme de 60 fr.

ment de tous autres, se traitans, iceux procès, devant la justice dudict Sainct Quirin, au chasteau de Turquestain ; en vertu de laquelle haulte justice appartiennent à S. A. toutes confiscations, espaves et attrahières ; et auquel lieu Sadicte Altesse a un signe patibulaire.

» Aussy est Son Altesse hault justicier, moyen et bas pour un quart en totalité au village de Dongevin, d'où deppend la sauvegarde du Chaunoy, mouvant du prioré de Manonviller.

» Sadicte Altesse, à cause de sadicte baronnie, a droit de tabellionnage, qui se commet entre luy et M. le marquis d'Haraucourt par moictié.

» Aussy S. A. a droict de passage, à cause de sondict chasteau, au destroict des montagnes dict ès deux noms, où S. A. prend la moictié à cause d'acquest faict de Phalzbourg...

» En ladicte baronnie y a rivière où S. A. a droict de pesche, et sur icelle des moulins battans ; comme aussy y a sept estangs qui appartiennent en partie à S. A...

» La chasse est commune entre S. A. et les sieurs de Chastillon. »

Suit la liste des villages dont les habitants devaient la taille, les corvées et autres redevances seigneuriales :

Niderhoff (deux laboureurs), Fraquelfing (trois laboureurs), Neuf-Moulin (village entièrement brûlé, désert et inhabité), Aspach (deux laboureurs et demi, c'est-à-dire une veuve), Lafrimbolle (un laboureur), Saint-Quirin (six laboureurs), Hesse, appartenant pour un quart au marquis d'Haraucourt ; Domgevin, pour un quart aux sieurs des Thons et du Châtelet ; la Neuveville au Bois, indivis avec les mêmes ;

« Recette de seigle.

» Remonstre le comptable que, depuis les guerres, le gagnage de Turquestain est entièrement ruiné et aboly. »

» Gages des officiers.

» Remonstre le comptable que le chasteau de Turquestain, où souloit résider l'officier avant les guerres, est entièrement ruiné et inhabitable depuis trente deux ans ençà, et partant, obligé de louer une maison au'village d'Hattigny, qui est au milieu de son office, pour faire sa résidance et exercer ses charges. »

—

Les événements qui survinrent dans le cours des années suivantes amenèrent une nouvelle occupation : Charles IV fut encore une fois dépossédé de ses Etats, et la Lorraine cessa d'exister de fait sous le règne de son successeur. A la suite d'une requête des évêques de Metz, de Toul et de Verdun, Louis XIV établit une Chambre royale, composée de membres du Parlement de Metz, pour rechercher les usurpations ou les soi-disant usurpations commises par nos ducs sur le temporel des Trois-Evêchés. Du 15 avril 1680 au 2 juin 1683, les ministres de l'ambition du monarque rendirent une foule d'arrêts qui réunissaient au domaine royal ou au temporel des Evêchés quantité de villes, bourgs, villages, terres et seigneuries (1). L'arrêt qui prononçait la réunion de celle de Turquestein à la couronne de France fut rendu le 30 avril 1680 : les sujets et M. Maljan, prévôt et juge, durent prêter foi et hommage à

(1) Digot, *Hist. de Lorr.*, t. V, p. 440.

Louis XIV et le reconnaître pour leur seigneur. Mais les décisions de cette Chambre furent annulées par le traité de Ryswick (30 octobre 1697) qui rendit la Lorraine à Léopold (1).

Les baronnies de Turquestein et de Saint-Georges lui furent restituées en même temps, mais il ne les conserva pas jusqu'à la fin de son règne : en 1720, il en fit don à Marc de Beauvau, prince de Craon, son grand écuyer, en récompense d'importants services, ou pour des raisons dont on trouverait peut-être le secret dans les chroniques scandaleuses du temps.

(1) Par lettres patentes du 24 janvier 1699, il créa un office de tabellion général en ses baronnies de Saint-Georges et Turquestein, et conféra cet office à un nommé Jean Marcel, natif de Hattigny. (B. 120, f° 362.)

Un autre document qui se rapporte à la période du xviiie siècle, est un contrat du 30 juin 1705 (qui fut révoqué l'année suivante, on ne dit pas pourquoi), par lequel la Chambre des Comptes acensa au nommé Jacob Neufhaussen, ou Maisonneuve, Suisse de nation, résidant à Alteville, prévôté de Dieuze, la cense ou métairie réduite en masure, sise au pied du château de Turquestein, où le duc était seigneur haut justicier, moyen et bas, avec les terres, prés, pâturages, de la consistance de 4 à 500 journaux, et les droits en dépendant, pour l'espace de cinquante années, moyennant 60 livres par chacune des dix premières années et 120 pour chacune des quarante autres, à charge de rétablir incessamment les bâtiments de la métairie et de défricher les terres, prés et héritages en dépendant. (B. 11043, n° 61.)

La cense ou métairie dont parle cette note est la *Haute-Turquestein*, sise à quelques centaines de mètres à l'ouest des ruines du château, du côté qui regarde Lafrimbolle. Plusieurs fois réédifiée et deux fois incendiée, de nos jours, elle est aujourd'hui ruinée et abandonnée.

La *Basse-Turquestein* est une maison de ferme, distante du château d'environ un kilomètre, au nord des ruines, dans la direction de la cense Mané.

Afin de tirer parti des grandes forêts de ces deux baronnies, de celle de Lorquin et d'autres terres qui lui appartenaient dans l'Evêché de Metz, situées à portée des rivières de Meurthe et Vezouse et des ruisseaux y attenants, le prince sollicita et obtint du duc, par lettres patentes du 6 février 1727, la permission de faire flotter sur ces rivières et ruisseaux tous les bois provenant de ses forêts, à condition que la moitié serait livrée au fermier général des gabelles pour les mêmes prix auxquels il achèterait dans les lieux les plus prochains les bois de même qualité pour l'usage de la saline de Rosières ; l'autre moitié des bois qui seraient flottés sur lesdites rivières, ne pourraient être vendus qu'à charge de les débiter au prix courant dans la ville de Lunéville seulement, etc. (1)

Quelques mois après la mort de Léopold, son successeur François III promulgua (le 14 juillet 1729) un édit portant révocation de toutes les aliénations faites, depuis 1697, des terres, seigneuries, biens et droits dépendant du domaine, auquel il déclara les incorporer. Le prince de Craon, se croyant atteint par cet édit, signa « involontairement », c'est-à-dire sans réflexion, le 11 février 1730, un acte de « déport » en vertu duquel il renonçait aux donations que le feu duc lui avait faites. En conséquence, François III reprit les baronnies et les fit administrer par un régisseur, dont on a le compte pour l'année 1732 (2). On y voit qu'elles étaient d'un bien faible revenu.

(1) B. 167, f° 180.

(2) La recette monte à 34,114 livres 9 sous 7 deniers, et la dépense à 14,545 livres 17 sous 4 deniers. (B. 1726. Extrait du compte rendu par le sieur Mouzé, régisseur des baronnies de Turquestein, Saint-Georges, Harbouey et Ban le Moine.)

Les choses restèrent dans cet état jusqu'en 1736 ; mais, lorsque François fut sur le point de quitter la Lorraine, M. de Beauvau, mieux éclairé sur ses droits, et n'ayant plus à se trouver en opposition avec son souverain, lui fit représenter que les baronnies de Saint-Georges et de Turquestein et le Ban le Moine étant situés dans une souveraineté étrangère, et ayant été acquis à titre particulier (1), n'avaient pu être légalement compris dans la réunion des domaines, et que le déport qu'il avait fait en 1730 était « involontaire ». Le duc nomma des commissaires pour examiner ces prétentions, qui lui parurent justes ; et, sur le rapport qui lui fut fait, il invita le procureur général de ses Chambres des Comptes à passer en son nom, avec le prince et la princesse de Craon, un contrat par lequel il se déportait en leur faveur du bénéfice de celui du 11 février 1730 ; ce contrat fut passé le 14 mai 1736, et confirmé par lettres patentes du 22 (2).

Le procureur général ne se pressa beaucoup, paraît-il, de remplir les intentions de son maître, car la rétrocession n'avait pas encore été opérée lors de la réunion de la Lorraine au royaume. Dans les conférences qui la précédèrent, le ministre de France se plaignit de cet acte et d'autres du même genre. En réponse à ses plaintes, François III fit paraître, à Vienne, un mémoire intitulé : *Eclaircissemens sur les domaines de Lorraine et Barrois*, où il dit que la restitution par lui faite au prince était un acte de justice et non de grâce. Le Cabinet français combattit faiblement les *Eclaircisse-*

(1) Par le comte de Vaudémont, pour les baronnies.
(2) B. 240, n° 68.

mens, et, après divers pourparlers, le prince de Craon fut définitivement reconnu propriétaire des baronnies, qui restèrent depuis, et pendant longtemps, dans sa famille.

Au décès du prince (1754), la seigneurie de Turquestein revint à son fils, le prince Marc-Juste de Beauvau-Craon, depuis maréchal de France, qui, le 8 août 1772, rendit ses foi et hommage au Roi pour les baronnies, comme terres mouvantes de Sa Majesté à cause de l'Evêché de Metz (1).

Marc-Juste mourut le 21 mai 1793. Par acte daté du 14 juillet 1791, il avait laissé en emphythéose, pour une durée de cent moins un an, aux sieurs Charles Tscharner et François-Xavier Adorne, bourgeois de Strasbourg, moyennant une rente de 25 livres au cours de France, la résidence et les ruines du château de Turquestein, plus le terrain qui les entourait, consistant en 60 jours cultivés, et un autre « aréal » de 40 jours, situé vis-à-vis du château. En 1796, les emphytéotes rétrocédèrent leurs droits à Thérèse Schwindle, veuve Breck, et à Lazar Zaü, qui céda sa part à ladite veuve en 1799. L'année suivante, Joseph Hummel, de Strasbourg, acheta les droits de l'emphytéote et les revendit, en 1801, à François-Joseph Wolff, qui s'en dessaisit, en 1805, au profit de Louis Champy, maître des forges de Framont. A la mort de ce dernier, l'emphytéose fut acquise par M. Auguste Chevandier de Valdrôme, pair

______

(1) Le maréchal laissa deux enfants : un fils et Anne-Louise-Marie de Beauvau, mariée à Philippe-Louis-Marc-Antoine duc de Noailles et de Mouchy, prince de Poix. Sa veuve, à qui les baronnies étaient échues dans l'héritage de son père, les vendit, sous le règne de Louis-Philippe, à MM. Navil, de Genève.

de France, demeurant à Cirey, en vertu d'un contrat passé le 24 décembre 1838, pour une somme de 5,000 francs, sur Eléonore Chouard, veuve Champy, ses enfants et petits-enfants, Bernard-Michel Champy, résidant à Framont, Pierre Champy, domicilié à Strasbourg, et demoiselle Marie-Julie-Esther Latour de Foissac.

M. Auguste Chevandier acheta aussi une partie des importantes forêts qui dépendaient anciennement de la baronnie de Turquestein, et réunit en sa personne le droit de propriétaire et celui d'emphytéote sur le vieux manoir en ruines. A sa mort, arrivée le 6 octobre 1865, ces biens passèrent à ses enfants, qui les possèdent encore.

—

Durant le court espace de temps que les sieurs Tscharner et Adorne en furent emphytéotes, le château de Turquestein fut le théâtre d'un épisode risible des fastes révolutionnaires dans notre département (1).

Ces Messieurs ayant eu l'idée de faire exécuter des constructions sur la plate-forme où s'élevaient les ruines, les habitants des villages voisins s'imaginèrent que des gens mal intentionnes s'y étaient réfugiés, avec des armes et des munitions, dans le but de troubler la

(1) Il a été raconte brièvement par notre confrère M. Arthur Benoit dans un article qu'a publié le *Journal des communes d'Alsace-Lorraine*, n° du 25 octobre 1879.

Le même confrère me signale, à titre de curiosité, un autre épisode inventé par l'imagination de deux romanciers modernes. Dans leur drame en cinq actes intitulé : *L'Alsace en 1814*, représenté à Strasbourg le 20 janvier 1850, figure un « comte » de Turkstein, émigré, qui vient avec les Russes envahir le sol natal ; ceux-ci sont dans le pays de Sarrebourg.

tranquillité publique. Une première perquisition opérée à cet effet n'avait produit aucun résultat ; néanmoins, le commandant de la garde nationale de Blâmont crut devoir insister près du Directoire du district pour qu'il en fût fait une nouvelle, et les membres de cette assemblée prirent, le 11 septembre 1791, l'arrêté suivant :

« Vu la requête de M. le Commandant de la garde nationale de Blamont tendant à être autorisé à se transporter à Turqueistin sous sa responsabilité pour y faire une visite, requérir main forte le cas échéant, et de le faire assister de gendarmes nationaux au besoin ; ouï le rapport et le procureur syndic,

» Le Directoire du District de Blamont ne peut que louer le zèle de M. le Commandant de la garde nationale sur la tranquillité publique et les précautions qu'il se propose de prendre pour s'assurer de la vérité de tout ce qui se répand au sujet du chateau de Turqueistin, informé que les gardes nationaux de S^t. Quirin, Abbrecheville et Lorquin s'étoient dans le cours du mois dernier transporté à Turqueistin, que leurs demarches n'avoient méné à aucunes découvertes qui pussent donner l'ombre d'inquiétude, avoient cru pouvoir rester tranquilles sur les bruits qui avoient été répandus, que

Acte V, scène II. — L'espion Jean vient dire au comte qu'en suivant le Blanc-Ru, il est parvenu au château de ses anciens maîtres. « Ce n'est plus que ruines, décombres, murailles noircies et rongées par le feu. »

« *Turkestein* : Et cette cour où ma femme et mon enfant me furent enlevés ?

» *Jean* : A cette place, maître, j'ai ramassé de la cendre. (Il montre une poignée de poussière.)

» *Turkestein* : Oh ! malédiction... quel supplice pourra suffire à ma vengeance ! »

des gens mal intentionnés s'y étoient réfugiés avec des armes et munitions capables d'inspirer des allarmes, mais pour déférer à la demande de M. le Commandant et se joindre à lui lorsqu'il s'agira de rassurer les personnes inquiètes, d'apporter la tranquillité dans toute l'étendue du District mis sous sa surveillance, le Directoire l'autorise s'il le juge nécessaire et sous sa responsabilité offerte, à se rendre au chateau de Turqueistin avec un detachement tel qu'il lui plaira, ou y envoyer un officier nommé de sa part, de se faire assister de deux gendarmes nationaux invités à cet effet, si le cas l'exige, qui seront tenus de dresser procès verbal de leurs demarches pour être deposé au secrétariat du District, pris ensuite tel parti que les circonstances nécessiteront.

» Ordonne à la municipalité de Turqueistin de porter aide et assistance au détachement, de se joindre à l'officier qui le commandera pour faire les recherches convenables en cas de résistance de ces particuliers établis au chateau de Turqueistin.

» Fait à Blamont le 11 septembre 1791, par les administrateurs composant le Directoire du District. Signés L. Laurent, D. Mayeur, N. François, Vaultrin, Fromental l'aîné et Lafrogne.

» Collationné.

» Lafrogne, s. g. »

» Le present sera executée par monsieur Batelot capitaine de la garde nationnal. Blamont le 11 septembre 1791.

» Demaugny

» Commandant ».

» *Garde nationale de Blamont.*

» Ce jour dimanche onze septembre mil sept cent quatrevingt onze

» En conséquence d'un arrêté du Directoire du District de Blamont qui autorise le commandant de la garde nationale de cette ville à ordonner un detachement pour se rendre à Turquestein où le publique prétend qu'il se trouve des armes, des munitions, que l'on fait des préparatifs de guerre, pour faire une exacte visitte de ce lieu et s'assurer de l'état des choses,

» Nous officiers, sous officiers, fusilliers, sapeurs et tambour de la garde nationale de Blamont, assistés des S. Lanoue et Martin gendarmes nationaux à la residence de cette ville, sommes partis de Blamont cejour à midi et demi et arrivés à la Frimbonne eloigné d'une demi-lieue de Turquestein à trois heures, nous avons empeché que personne sortît du village pendant le temps où nous nous occupions de l'ordre à tenir dans la marche qui devoit etre secrette et de la charge de nos armes.

» Puis nous avons pris le chemin de Turquestein dans le silence le plus absolu et sur le point d'arriver à la ferme dite de Turquestein occupée par le S. Debuisson maire et avant que le detachement fut sorti du bois, un de nous s'est transporté chez ledit S. Debuisson qu'il a requis de le suivre ce qu'il a fait, et en même temps le detachement a paru et s'est rangé en bataille devant la maison de ferme.

» Aussitot sont arrivés le S. Charles Lefort lieutenant colonel à la suite de l'armée et madame Adorme que nous avons instruit de l'objet de notre demarche, en les rassurant par l'honnèteté que nous leur avons promis de mettre dans notre recherche. Nous les avons invité de nous faire remettre les clefs de leur habitation et de nous suivre. Ensuite nous sommes arrivés sur la roche par deux issues differentes, nous avons placé des sentinelles de tous côtés et le surplus du detachement , en présence du S. Adorme et du S. Charmer que nous avions envoyé chercher à une autre ferme située au midi du chateau, a fait la visitte 1. du nouveau batiment construit par les dits S. Adorme et Charmer, où il a trouvé, dans deux petits cabinets du grenier, deux bois de lits et environ dix chaises, le surplus des appartemens etant encore occupés par les outils et materiaux necessaires aux ouvriers ; 2. d'une espèce de hallier où il a trouvé un tas de fagots dont il a detourné la plus grande partie, sans qu'il y ait rien remarqué de ce qu'on lui avoit annoncé.

» 3. D'une cave où il ne s'est rien trouvé, cependant en examinant les murs, il a vu un endroit qui etoit construit tout nouvellement qu'il a fait demolir, parceque frappé d'un coup de crosse, il avoit rendu un son creux, ce qui faisoit soupçonner que ce pouvoit etre le receptacle des pretendues munitions.

» 4. D'un rocher au levant du chateau, dans lequel il se trouve une ouverture assez considerable où l'on s'est avancé sans y rien remarquer.

» 5. D'une loge de bois à laquelle on a donné le nom d'hermitage sur la pointe du même rocher, dans laquelle on n'a trouvé que de la paille et quelques outils de charpentier.

» 6. Enfin de tous les alentours et de toutes les ruines de cette antique demeure que plusieurs d'entre nous qu la connoissoient dès avant le sejour momentané qu'y font les S. Adorme et Charmer, ont dit ne se trouver changée en rien.

» Ensuite le S. Charles Lefort nous a exhibé d'un passeport qui lui a été donné par la Municipalité de Strasbourg qui par un acte particulier qu'il nous a aussi représenté, rend un témoignage satisfaisant de sa conduite et de son patriotisme connu.

» Les S. Adorme et Charmer nous ont aussi présenté des certificats qui témoignent de leur civisme, et nous ont déclaré que leur résidence fixe étoit Strasbourg, que leur projet etoit d'habiter Turquestein pendant la belle saison seulement, qu'ils faisoient travailler à quelques bois de lit pour un hopital qu'ils se proposent d'etablir à Strasbourg.

» La Municipalité de Turquestein nous a d'ailleurs rassuré sur le compte des S. Adorme et Charmer qu'ils regardent comme de bons citoyens et incapables d'aucuns projets contraires à la Constitution.

» Nous nous sommes ensuite rendus à Bertrambois où la Municipalité et tous les habitans nous ont fait l'eloge des S. Adorme et Charmer dont ils nous ont repondu des sentimens d'honnèteté et de bienviellance.

» Et de retour à Blamont où nous sommes arrivés à dix heures du soir nous avons dressé le present procès-verbal pour rendre compte de notre commission. Signé Augustin Demontzey, lieutenant colonel, Marchal porte drapeau, Batelot capitaine, Lafrogne quartier-maître, Vesslard, Gillot sergent, Devinois caporal, J. Joseph Daras, Jean Claude Laval, Nicolas Vanier, Joseph Crance, Idulphe Simon, etc., Nicolas, etc., Lanoue, Martin.

» Collationné par le secretaire quartier maître de la garde nationale de Blamont.

» Lafrogne. »

Cette visite domiciliaire ayant pleinement rassuré le public sur ce qui se passait dans les ruines du château de Turquestein, le sieur Adorme adressa, le 28 septembre, aux « Président et Membres du département de la Meurthe », une pétition dans laquelle il expose qu'ayant acquis ces ruines, « il y a fait bâtir pendant l'été une maison et écuries, en outre une petite maisonnette pour les pauvres, avec une chapelle, de laquelle il a eu l'agrément de M. l'évêque de la faire bénir pour y faire célébrer la sainte messe » ; il fait la présente déclaration, tant pour éviter toute mésintelligence que pour en obtenir l'agrément de « Messieurs les Président et Membres du Département ».

Cette requête, signée « *Adorne phyzicien abittant de Turquenstin d'ordinaire à Strasbourg* », fut renvoyée aux administrateurs composant le Directoire du district de Blâmont, dont l'avis fut que l'établissement du sieur Adorne « ne devant plus être suspect », pouvait être autorisé ; et le 26 novembre 1792, le Directoire du département prit un arrêté portant que, dans le cas où le pétitionnaire destinerait la chapelle à un culte public et y introduirait d'autres personnes que des gens de sa maison, il serait tenu de se conformer aux dispositions et autres relatives de son arrêté du 13 avril précédent (1).

———

(1) Les articles IV et V, qui se rapportent au cas présent, sont ainsi conçus : « Les municipalités veilleront à ce qu'il ne se forme aucun rassemblement dans une maison particu-

Il n'est pas possible de donner une perspective des ruines du château de Turquestein, la masse de rochers sur laquelle elles reposent étant entièrement masquée par un épais rideau de sapins , en sorte qu'il faut, pour les découvrir, arriver jusque sur le plateau dont elles occupent une des extrémités. A défaut de cette perspective, qui eût offert un aspect plus pittoresque, j'ai pu joindre à ma notice deux dessins fort modestes, qui n'ont pas la prétention d'être des œuvres d'art, mais ont le mérite d'une exactitude parfaite (1). L'un représente les ruines telles qu'on les voit en arrivant sur le monticule qu'elles dominent encore à une certaine hauteur ; l'autre, un plan faisant connaître la configuration que devait avoir le château, et celle du plateau sur lequel il avait été construit. Celui-ci, qui couvre une surface d'environ 8 jours, est à 460 mètres au-dessus du niveau de la mer, et à 134 au-dessus du sol de la vallée du Blanc-Rupt ; on y remarque, notamment, une citerne pratiquée dans le roc , ayant plus de 80 pieds de pro-

lière, dans aucun oratoire privé, soit chapelle centrale, soit chapelle cédée ou vendue par la Nation, sans avoir préalablement satisfait aux lois, et dans le cas de tels rassemblemens, il leur est enjoint d'en poursuivre les auteurs et de les faire punir des peines portées par l'article XIV du titre premier de la loi sur la police municipale.

ı Dans le cas où quelques citoyens actifs désireroient former une assemblée pour exercer le culte qu'ils auroient adopté, ils seront tenus, après avoir rempli les formalités voulues par l'article LXII de la loi constitutive des Municipalités et avoir justifié de leur prestation de serment, de s'adresser, suivant le prescrit de la loi du 13 mai 1791, au Directoire du Département, qui en délibérera. »

(1) Ils sont dus à M. Humbert, instituteur à Saint-Quirin, secrétaire des deux mairies de Saint-Quirin et de Turquestein.

fondeur et 15 pieds d'eau ; c'est peut-être celle que fit creuser l'évêque Jacques de Lorraine, en 1252.

Il y a aussi, provenant des anciennes bâtisses, un caveau avec voûte en pierres, d'une assez grande étendue, où l'on descend par un escalier qui semble de la même époque.

Quant aux ruines du château, elles ne consistent qu'en deux énormes pans de mur, dont les pierres, en grès vosgien, sont taillées avec soin, et en une muraille à gauche de l'entrée.

D'un autre côté du plateau est une maison forestière, de construction moderne, sous laquelle se trouve une grotte naturelle, de 60 mètres de long sur 15 de large. Trois pierres ont été encastrées dans la façade de la maison : la première représente une croix, avec l'inscription suivante, entre ses branches :

CETTE CROIX

A ÉTÉ TROUVÉE

DANS LES RUINES

D'ICI LE 9

JUILLET 1791.

. La seconde pierre porte le millésime 1541, destiné, sans doute, à rappeler une réédification partielle du château ; la troisième est une clef de voûte, ornée d'une belle rose,

Ce qui restait des tours, des autres portions de murs et de la chapelle fut démoli lorsqu'un des acquéreurs des ruines, M. Louis Champy, fit établir une charbonnière sur le plateau. De ce dernier on jouit d'une vue magnifique sur une grande étendue de pays ; ce qui explique comment il fut choisi pour y établir un poste stratégique.

III.

L'histoire de Turquestein, en tant que village, est fort obscure, et on ne sait à quelle époque la faire remonter : les chartes de 1344 et de 1350, dont j'ai parlé, mentionnent bien, avec d'autres localités du voisinage, désignées sous la même qualification, une « ville » de ce nom, qui se trouvait détruite, comme plusieurs autres, en 1433 ; était-elle moins importante que ces dernières ou sa destruction fut-elle plus complète ? Toujours est-il que, tandis que la plupart de celles-ci continuent à subsister, Turquestein disparaît entièrement, et il n'en est plus question dans les documents postérieurs. On ne le retrouve, mais réduit à la condition de simple *cense*, que vers le milieu du xviiie siècle ; il est ainsi indiqué dans le *Traité du département de Metz*, imprimé en 1756 : « *Turquestin*, » cense, sur une montagne, à 4 lieues de Sarrebourg, » 15 de Nancy et 20 de Metz. On voit sur la montagne » les restes d'un beau chateau, qui étoit le chef-lieu de » la baronnie de Turquestin. » — Le château seul est signalé sur la carte de Cassini. — Dans le *Pouillé du diocèse de Metz*, postérieur d'une vingtaine d'années, le *hameau* de Turquestein est au nombre des annexes qui dépendaient de la paroisse de Bertrambois. — Turquestein ne figure pas sur la liste des communes du département, dressée en 1790, mais, l'année suivante, il est constitué en *municipalité*, comme on le voit par le procès-verbal de la visite domiciliaire du château.

Sa population était peu importante si l'on en juge par les actes de l'état civil : les tables décennales n'accusent, en effet, qu'une naissance en 1802, pas de mariages ni de décès ; en 1803, huit naissances, un mariage, un décès. Cette population fut lente à s'accroître, puisqu'en 1822 il n'y eut que deux naissances, point de mariage et trois décès.

Le territoire de la commune occupe une superficie de 3,022 hectares, dont 2,828 couverts de forêts de sapins. Malgré son étendue, il ne contient que trente maisons, dont cinq étaient inhabitées lors du dernier recensement. Sur ce nombre on compte actuellement douze scieries, savoir : *Basse-du-Houzard* (sur la Sarre blanche) ; *Houzard ; Gérard,* aujourd'hui *Huin* (ces deux scieries sont sur le ruisseau de la Basse-du-Houzard) ; toutes les suivantes sont sur la Sarre : *Febvrel ; Basse-Léonard ; Petitmont* ou *Bourguignon ; Ricarville* (1) ; *du Marquis ; du Château ; du Port ; du Pêcheur* et du *Paquis.*

Il n'y a pas à proprement parler de *fermes,* dans le sens ordinairement donné à ce mot, mais quelques habitations agricoles où l'on peut nourrir quatre ou cinq pièces de bétail, dans des endroits qui ont été défrichés, car autrefois les forêts bordaient le cours de la Sarre sur ses deux rives.

De même qu'un certain nombre de villages des

(1) C'est la seule habitation isolée qui soit indiquée sur la carte de Cassini ; c'était jadis un moulin, que l'on a transformé en scierie, et près de laquelle un de nos éloquents confrères s'est fait récemment construire une habitation confortable, où il va, pendant les vacances, se reposer des fatigues du barreau.

Vosges, celui de Turquestein ne forme point d'agglo-
mération ; on n'y trouve même pas groupés l'église, le
presbytère, la maison commune et la maison d'école.
Il n'y a pas de maison communale ; il n'y a pas d'église (1), et les fidèles doivent aller à celle de Saint-
Quirin, éloignée de plus d'une lieue.

Les habitations, presque toutes isolées les unes des
autres, sont disséminées dans les forêts et sur les ver-
sants de la vallée de la Sarre-Blanche, ou plutôt du
Blanc-Rupt, nom sous lequel elle est généralement
désignée.

Cette vallée, que dominent les ruines du château,
« est d'un aspect assez sauvage ; resserrée dans presque tout son parcours, elle est bordée de bois des deux
côtés. La rivière de Sarre, ombragée par des arbres
d'un effet pittoresque, serpente capricieusement dans
l'étroit espace où Dieu lui a permis de couler. Cette
rivière n'est pas dépourvue d'originalité : les pierres
grosses et petites y fourmillent toujours, tandis que,
souvent, l'eau y manque totalement, si bien que, si elle
n'avait pas ses saules et ses aulnes qui la bordent, on
serait presque tenté de se demander si c'est la route
qui est la rivière ou si c'est la rivière qui est la route...
» Toutefois, à certains moments, la Sarre, qui sem-
blait n'être pas même tout-à-l'heure un ruisseau,
devient un torrent : son lit, un instant auparavant à sec,
s'emplit d'une eau qui s'étend d'abord comme une
nappe, puis précipite son cours, faisant jaillir à une

(1) Une petite chapelle privée a été construite, il y a un
certain nombre d'années, au lieu dit Cons du Petit-Blanc-
Rupt ; elle est appelée chapelle de Notre-Dame-de-Délivran-
ce. On y va prior, mais on n'y célèbre aucune office.

assez grande hauteur l'écume qui déferle sur les rives, se précipitant avec une sorte de furie contre les ponts, les racines des arbres, les rochers et tout ce qui s'oppose à son passage. Ce phénomène dure dix minutes environ, puis ce torrent n'est plus qu'un mince filet d'eau. Ce fait s'explique d'une manière bien simple. Comme les chemins sont impraticables dans ces contrées, on a dû chercher à se servir de l'eau pour enlever les produits des forêts. La Sarre ne pouvant, d'après son petit volume, se charger de cette rude besogne, on a imaginé de construire, à des distances à peu près égales, des barrages qui retiennent les eaux et forment des bassins d'une assez grande étendue. Lorsqu'ils sont remplis, au bout de six ou huit heures à peu près, on lève l'écluse, et la masse des eaux, se précipitant dans le lit de la rivière, entraîne avec elle les flottes qu'elle rencontre et qui vont ainsi, de station en station, c'est-à-dire d'étang en étang, jusqu'à l'endroit où la rivière devient navigable et flottable...

» Les vastes forêts qui règnent le long du Blanc-Rupt attirent, pour leur exploitation, les ouvriers, non seulement de la vallée, mais surtout des villages voisins. Ces derniers quittent leur ménage le lundi matin et n'y retournent que le samedi soir. Pendant tout ce temps ils vivent au milieu des bois. Comme les maisons de la vallée sont trop peu nombreuses pour leur donner, avec un gîte, place à la table et au feu, ils sont obligés de construire eux-mêmes leurs demeures. Ce sont des huttes d'environ deux mètres de hauteur, à peu près autant de largeur, sur trois de longueur, où trois ou quatre personnes habitent toute l'année, sauf les dimanches et les jours fériés. Leur construction est d'une simplicité primitive : quelques débris de rochers habilement cassés, trois pièces de bois, des planches, des pierres, des écorces et de la mousse ; c'est tout ce qu'il faut.

» Le régime est en rapport avec le logement : des pommes de terre, et toujours des pommes de terre, tel est le menu de tous les repas. Le lundi matin, l'ouvrier monte à son atelier, ayant sur le dos une besace dans laquelle se trouve la nourriture de la semaine ; le samedi, il descendra la besace vide. Une cuillère, une marmite, un petit baril d'où le vin n'a jamais coulé, voilà les pièces de ménage. L'ouvrier, le matin, met les pommes de terre dans la marmite, après les avoir dégarnies de leur enveloppe ; une fois cuites, il les écrase, en fait une espèce de pâte et mange ; à deux heures, même repas, plus une soupe ; le soir, même repas, moins la soupe : tel est l'ordinaire frugal et à peu près invariable de ceux qui travaillent dans les forêts (1). »

—

D'après le recensement de 1880, la population de la commune de Turquestein ne s'élevait qu'à 130 et quelques habitants : 120 catholiques, 4 protestants, les autres anabaptistes. Ces derniers ont conservé de vieilles coutumes qui les distinguent de leurs co-habi-

---

(1) Ces descriptions sont empruntées à un intéressant opuscule de M. Arthur Benoist, alors avocat à la Cour de Nancy, publié en 1860 sous le titre : *Une excursion dans les Vosges. — La vallée du Blanc-Rupt.*

tants et en font des types assez originaux, qu'il n'est peut-être pas sans intérêt de signaler.

L'époque de leur arrivée dans le pays de la Sarre n'est pas connue; ils y vinrent, dit-on, au commencement du siècle dernier, lors de leur expulsion du canton de Berne. Leur établissement n'eut pas lieu sans soulever des difficultés: on leur opposait la déclaration de 1729 qui prescrivait de faire baptiser les enfants et de représenter les actes constatant que cette formalité avait été remplie. Sur leur refus, ils furent assignés de la part du procureur général fiscal de l'Evêché de Metz, à Vic, lequel obtint, en 1764, un arrêt qui les condamnait à se conformer à la déclaration dont il vient d'être parlé, sauf à conclure contre leurs assemblées. Ils levèrent le jugement, payèrent les frais, puis restèrent tranquilles, opposant une force d'inertie aux vexations dont ils étaient l'objet. En 1766, ils demandèrent au duc de Choiseul d'être reconnus ; mais ce ministre répondit qu'il les engageait à garder le silence et à se laisser ignorer (1).

Les anabaptistes, relativement assez nombreux dans le Blanc-Rupt et aux environs , sont tous, ou à peu près tous, parents. Ils n'ont ni prêtres ni édifices consacrés au culte. Ils se réunissent, non pas chaque dimanche, mais souvent, et toujours le dimanche, chez l'un d'eux, dans la plus vaste pièce de la maison. Le plus ancien fait la lecture de la Bible dans un grand in-folio, avec reliure pleine, à fermoir, qui se conserve religieusement dans la famille, de génération en génération, puis il ajoute à

____

(1) Notes communiquées par M. Arthur Benoit, de Berthelming.

la lecture du texte sacré un commentaire improvisé,
souvent assez étendu ; le tout en langue allemande. Il
donne ensuite la communion sous les deux espèces à
tous les assistants de l'un et de l'autre sexe : du pain ordinaire, comme on en mange aux repas, et du vin servi
dans une grande cruche (1). L'office terminé, on fait un
repas en commun aux frais de la famille qui reçoit ce
jour-là ; chacune d'elles fait de même à son tour.

Près de chaque maison occupée par des anabaptistes
se trouve un cimetière particulier destiné à servir de
sépulture aux gens de l'habitation qu'il avoisine ; sur
chaque tombe ou tertre on place du buis, des fleurs,
mais point d'insigne religieux, pas de croix.

Les anabaptistes tiennent à leur culte et se marient
entr'eux ; ils n'épousent que des personnes qui le pra-
tiquent.

Une coutume assez générale chez eux est de trans-
former tous les prénoms en petits noms d'enfant ou
d'amitié par l'addition d'un diminutif final : ainsi, Pierre
devient *Péterlé* ; Joseph, *Sépelé* ; Christophe, *Chris-
telé* ; Madeleine, *Lainelé* ; Barbe, *Babelé* ; etc. Ils
gardent, pour la plupart, ces petits noms jusqu'à la fin
de leur vie, bien qu'ils ne doivent les conserver que
jusqu'à l'époque de leur mariage.

—

(1) Bien longtemps (1846-1878) cette mission quasi-
pastorale a été remplie par le maire de Turquestein, Pierre
Sommer, dit le père Péterlé, qui se trouvait ainsi investi de
fonctions politiques et religieuses, comme un mélange de
temporel et de spirituel. Il s'acquittait fort bien des unes et
des autres.

Ces digressions m'ont entraîné bien loin du sujet principal de ce travail ; mais il m'a semblé qu'on aimerait à connaître la physionomie du pays et de ceux qui habitent le territoire formant l'ancienne châtellenie de Turquestein. Les ruines du vieux manoir féodal dont elle portait le nom impriment à la contrée où elles s'élèvent un caractère particulier et rappellent des souvenirs qui remontent à des temps si éloignés, qu'il y avait quelque intérêt à relier le passé au présent et à suivre à travers les siècles, jusqu'à nos jours, les transformations qui se sont opérées dans ce coin de terre, perdu au milieu des forêts et des montagnes, et que les touristes dédaignent trop d'aller visiter.

C'est qu'aussi la vallée du Blanc-Rupt, nonobstant l'attrait qu'elle pouvait leur offrir, était restée jusqu'à présent privée de moyens de communication qui en rendissent l'accès facile. Il n'en sera plus de même à l'avenir, heureusement pour elle : il se construit en ce moment une route qui prend naissance à la cense Mané, avec la commune de Turquestein, sur la grande voie allant de Cirey-sur-Vezouse à Saint-Quirin, et se dirige vers le Donon en longeant la Sarre blanche. Désormais, les personnes qui voudront se rendre de Nancy à ce magnifique sommet des Vosges, qu'ont chanté les poëtes et où les antiquaires ont trouvé de si intéressants sujets d'études, feront bien d'y aller par Raon-l'Etape et la vallée de Celles et d'en revenir par celle du Blanc-Rupt. Elles pourront ainsi admirer deux sites fort différents, la première de ces vallées étant d'une très grande largeur, la seconde, au contraire, presque partout très étroite : c'est un de ces étranges contrastes qui se rencontrent assez rarement dans les pays de montagnes, et qui méritent de piquer la curiosité.

PIÈCES JUSTIFICATIVES

I (p. 11).

Etienne, évêque de Metz, rétablit la paix entre l'abbaye de
Haute-Seille et divers seigneurs qui ne cessaient de la
molester sous prétexte de leur droit de fondateurs (1).

1147.

I.

S., Dei gratia, Metensis episcopus, omnibus ad quos pre-
sens pagina pervenerit salutem, et rei geste tenere memo-
riam. Sciant omnes quod cum abbatia Alte Silve de novo in
vasta solitudine fundata, Deo incrementum dante, perficere
ncipe ret, comitissa Agnes et heredes de Languestein, ex una
parte, et Bencelinus de Turchestein, cum filio suo Conone,
Ascolinus de Walteringen et Bero de Busnes, milites, ex
altera, dictam ecclesiam et fratres molestare et inquietare
non cessabant, jus fundationis et dominium in dicta ecclesia sibi omnes attrahendo, unde quia periculosum erat viris
religiosis sub tot dominis fundare cenobium, et in tali dis-

---

(1) Cette charte est imprimée dans l'*Hist. de Lorr.* de
Dom Calmet, 2ᵉ édit., t. IV, pr., col. ccxxviij ; j'ai néanmoins
cru devoir la donner à cause des particularités intéressantes
qu'elle renferme.

cordia permanere ; dicti fratres, volentes dare locum ire, et
malicias hominum declinare cupientes, de loco recedere
disponebant, et nobis supplicabant humiliter ut vel de dicto
loco pacem eis faceremus, vel alibi eis locum in solitudine,
ad serviendum Deo, ipsorum religioni babilem, remotum ab
hominibus, in terra nostra, vellemus assignare. Quum vero
predicti nobiles fideles nostri erant et de linea consanguini-
tatis nostre omnes descenderant, omnes pariter convocavi-
mus, etquerelam sedavimus in hunc modum. Agnes comitissa
et heredes sui quicquit juris in dicto loco habebant in manus
nostras resignaverunt. Ascelinus de Walterengen et Bero
de Busnes, qui dictum locum a Bencelino de Turchestein in
feudo se habere dicebant, in manus ipsius Bencelini reddi-
derunt, et Bencelinus, cum filio suo Conone, in nostras manus tradidit, rogantes omnes pariter ut dictis fratribus, ad
honorem et servicium Dei congregatis, ipsum fundum nostra
auctoritate conferre et privilegiis super hoc sub nostro
sigillo confectis, cum ipsi sigillis carerent, dignaremur con-
firmare, ut sub Dei et nostra et ecclesie metensis protectione
ipsi et eorum successores ibidem Deo in pace serviant imperpetuum. Dederunt itaque predicti nobiles dilecti consan-
guinei et fideles nostri memorate ecclesie imperpetuum, ad
nostram petitionem, per totas terras suas liberos usus ad
pasturas animalium suorum omnium, et in silvis suis ligna
ad ignem et ad edificia, et piscationes per omnes aquas eorum. Nos, igitur omnibus querelis ita per Dei gratiam et
nostram industriam bene sopitis, et servis Dei tali sollemp-
nitate pace provisa, conferimus et confirmamus eisdem eundem locum in honore domini Dei omnipotentis, voluntate et
testimonio ecclesie nostre, similem usum sicut et predicti
nobiles per totum episcopatum, in aquis nostris, terris et
silvis perpetuo libere conferentes, et dictam ecclesiam, post
Deum, sub nostra et ecclesie metensis protectione ponimus,
ut ibidem Dei servicium, et nostra et ecclesie nostre memoria
in benedictione perseveret in eternum. Acta sunt hec et

nostro sigillo firmata anno Domini m̈. c̊. quadragesimo
septimo.

(Original en parchemin).

II (p. 12).

Bertrand, évêque de Metz, fait savoir que Conon de Turquestein a confirmé à l'abbaye de Haute-Seille les biens
que ses prédécesseurs lui avaient donnés.

1186.

In nomine Patris, etc... Ego Bertrannus, Dei gratia, Metensis episcopus, presenti scripto notum facio presentibus et
futuris quod Chono de Durchestem cum super his que antecessores ejus, eo necdum nato, contulerant ecclesie Altesilve
frequenter et aliquandiu eandem ecclesiam molestasset,
demum, ratione ductus et Metensis comitis Alberti consiliis
acquiescens, quod antecessores ejus fecerant laudavit et
quicquid illi in terris, in pratis, in silvis, in pascuis, in omni
denique usu et fructu et omnino, sicut continetur in carta
Trevirorum archiepiscopi Alberonis, et in cartis Metensis
episcopi Stephani, libere et plenarie dederant, dedit et ipse,
simili libertate, in manu et per manum comitis Alberti.
Susceperunt etiam hoc donum Hugo, comes Lunarisville,
Oto, dominus de Ossensten, Hebrardus et Hecelo, cognatus
ejus de Hetendorf, et susceptum cum eo pariter contulerunt
prefate ecclesie in manu Fulconis abbatis. Girpuit etiam
idem Cono que calumniabatur omnia retenta sibi tantum sua
crohcci et suo brul de Hetingens. Horum testes sunt Bernar-
dus, plebanus Hessie, Menradus, monacus, prepositus claus-
tri, Theodoricus, sacerdos de Monte, Wenricus, clericus de
Saroborch, Conradus et Raimundus de Girevalle, Theodoricus Motuns, Gerardus et Brocardus, frater ejus, de Hotin-
gens, et Gerardus de Wale, Brocardus et Albertus, frater

ejus, de Hessia. Et ut hujus rei geste veritatem tot et talim testimonio fultam uno quod adhuc superest necessario, roboremus ego et comes Albertus hanc sigillorum nostrorum impressionibus consignatam decernimus in eadem ecclesia perpetuo conservari. Gerardus etiam et Brochardus, frater ejus, de Hetingens qui eatenus calumpniati fuerant, girpuerunt. Actum est hoc anno ab Incarnatione Domini m̊. c̊. octogesimo sexto.

(Copie de 1568.)

—

III (p. 12).

Albert, comte de Metz et de Dabo, fait savoir que Hawidis de Turquestein et Conon, son fils, ont renoncé aux biens qu'ils prétendaient avoir le droit de réclamer à l'abbaye de Haute-Seille, moyennant une redevance de 40 livres de messins.

Sans date. — Après 1186, d'après l'Inventaire de Haute-Seille.

Ego Albertus, comes metensis et de Dasborch, notum facio tam presentibus quam futuris quod domina Hauvidis et dominus Cono, filius ejus, de Turckestein, libera ducti voluntate, universaliter quicquid in alodiis, ubicumque vel undecumque essent, habebant, michi meisque heredibus integraliter contulerunt, a me iterum in feodo recipientes. Verum, cum postmodum dominus Cono fons de Altasilva, occasione quarumdam possessionum quas sui predecessores dicte domui contulerant, gravibus injuriis molestaret, et ipsi michi cotidie super his flebiliter conquererentur, bono pacis ductus, inter eos composui sub hac forma, quod idem fratres eidem domino Cononi quadraginta duas libras metenses dederunt, ipse vero, per manum meam, in omnibus silvis suis liberum usum ad ignem et ad edificia, et liberam omnium animalium

pasturam, glandem porcorum, aquarum omnium piscatio-
nem in terra sua ubique predictis fratribus imperpetuum
contulit, et omnem calumpniam justam vel injustam contra
eos habitam, in manu mea posuit et guirpuit... Ut igitur
horum omnium veritas indissolubilis perpetuo rata firmaque
permaneat, hanc paginam sigilli mei authoritate confirmavi.
Testes dominus Wiricus, dominus Waltrannus et alii plures.

(Copie de 1568.)

—

IV (p. 13).

Conon de Turquestein donne à l'abbaye de Haute-Seille son
alleu de Henvilre, les dîmes et le moulin de Landange , le
droit de pâture sur le ban de Turquestein, etc.

Sans date ; mis avant 1201 dans l'Inventaire de Haute-
Seille.

In nomine Domini, amen. Cum testamentum in morte tes-
tatoris legaliter confirmetur, et benegestarum rerum me-
moriam transfundat ad posteros, oportunum credimus literis
perhennare, quæ omni oblivione sepulta, nuda et aperta cunc-
tis volumus apparere. Eapropter noverint presentes et futuri
quod ego Cono de Turquestey, pro mea et omnium præde-
cessorum salute, solempni et evidenti donatione, contuli
fratribus Altæ Silvæ quidquid mei juris erat in alodio de
Henvilrre, terram videlicet cultam et incultam, nec non et
silvam inter duas semitas, et usque ad fluvium Saroam, circa
grangiam suam, hinc et inde porrectam, remissa primo et
omnino annihilata calumpnia quam pro eadem terra habue-
ram. Deinde decimas meas de Landenges et molendinum
quod ipse mihi inibi propriis construxi impensis, ea libertate
et securitate qua hactenus ego possedi, et ipsi possideant.
Croadam nichilominus et brolium de Rohencort, quod olim
mater mea, adhuc vivens, eisdem, pro causa simili, donave-

rat, quodque soror mea Aledis, post matris mortem, usu
censuali ab eis receperat. Sed et terram et prata mea de
Varcovila et quidquid ibidem hereditario jure possederam,
prædictis fratribus in legitimam et perpetuam elemosinam
dono dedi, et vivens, sanæque mentis, horum omnium pos-
sessores et hæredes esse decrevi. Post hæc adjungo eis
libertatem in omni banno de Turquestey, ut ingressus et
egressus securos habeant, sicut olim concessit eis dominus C..
avunculus meus, et post eum pater meus comes Conradus, ad
pastum videlicet animalium et ad diversos usus necessarios.
Igitur, ne quis præsumat infirmare quæ tam fideli devotione
firmavimus, præsentis sigilli munimine et domini Alberti
comitis nostri Dasborc, cujus assensu et voluntate id actum
est, testimonio roboramus. Testes Raybaldus, Godefridus,
sacerdotes ; Henricus, comes de Salmis ; Henricus, comes
de Gemino Ponte ; dominus Otto .de Ossestey, dominus
Maim-bodus.

(Copie du xvie siècle.)

—

V (p. 13).

Albert, comte de Metz et de Dabo, confirme la donation faite
à l'abbaye de Haute-Seille, par Conon de Turquestein, de
la terre de Varcoville, qu'il tenait de lui.

Sans date ; mis avant 1201 dans l'Inventaire de Haute-
Seille.

Cum mutatione temporum et decessione personarum so-
leant nove constitutiones causarum in oblivionem duci,
idcirco ego Albertus, Dei gratia, Metensis comes et de Dasborc, ad pacis tutelam caritatisque custodiam, dignum duxi
significare presentibus et futuris Cononomem (*sic*), nobilem ho-
minem, quandam terram de Warkovile, quam a me tenebat,
per manum meam contulisse abbati et fratribus Sancte Marie

de Alta Silva, insuper et aliam terram que Hermenwirre nuncupatur. Et ne postmodum aliqua quelibet persona, nec ipsemet Cono, vel aliquis successorum suorum, predictis fratribus super illa donatione aliquam calumpniam inferre presumat, et ut ipsa donatio rata et immobilis imperpetuum consistat, presentem cartulam sigilli mei impressio corroborat.

(Original en parchemin.)

—

VI (p. 13).

Charte d'Albert, comte de Metz, rappelant la donation faite à l'abbaye de Haute-Seille par Hawide, fille de Bencelin de Turquestein, de son breuil de Roencourt et de sa corvée de Varcoville.

Sans date ; mis avant 1201 dans l'Inventaire de Haute-Seille.

Ego Albertus, Metensium comes, presenti scripto notum facio tam presentibus quam futuris quod domina Hawidis, filia Bencelini de Turchelstein, pro sua et antecessorum suorum salute, dedit ecclesie Alte Silve suum brolium de Roencurth et suam croheiam de Warchovile. Processu vero temporis, cum filia ipsius Hawidis, Adeleidis nomine, apud Turchelsten maneret, et ipsum brolium necessarium haberet, consilio nostro suscepit illum de manu Fulconis abbatis, quoad vixerit, legitime possidendum, sub censu duorum solidorum, qui singulis annis, mediante maio, sint predicte ecclesie persolvendi. Post obitum vero ejus, omni occasione remota, possessio et elemosina legitima ad ecclesiam revertetur. Quod ut firmum apud posteros perseveret, impressione sigilli nostri et legitimorum testium subscriptione munitur. Testes : Winricus, clericus ; Cono, Waltrannus et Hugo de Mala, milites.

(Original en parchemin.)

—

VII (p. 14).

Vautrin, chevalier de Turquestein, quitte à l'abbaye de Haute-Seille 19 marcs d'argent qu'elle lui devait, lui donne les prés de Landange, lui rend le moulin de ce lieu, etc.

1227.

In nomine Patris et Filii et Spiritus Sancti. Noverint tam presentes quam futuri quod ego Waltguinus, miles de Turkelstein, pro remedio anime mee, assensu uxoris mee Lorathe, acquittavi abbati et ecclesie Alte Silve decem et novem marchas argenti quas mihi debebant. Contuli etiam liberam et perpetuam elemosinam eidem ecclesie prata mea de Landanges, que emi propriis sumptibus. Reddidi quoque eis molendinum de Landanges quod ab eis possidebam, virgultum quod est in villa de Warcovile. Sciendum preterea quod patronatum ecclesie de Hetteneis, cum decimis et aliis ad ipsam pertinentibus, libere et absolute, Lodowico, cognomento Crapa, reddidi, a quo ipsam ecclesiam condicionaliter habebam, quam idem, cum appendiciis suis, per nostrum testimonium abbati Alte Silve et ejus conventui in legittimam et perpetuam tradidit elemosinam. Hec vero que huic annotata sunt scedule, ut rata, firma et immutata permaneant, sigillo meo et sigillo abbatisse de Hessa fecimus roborari. Acta anno Domini m̊ c̊c̊ x̊x̊ vij. Testes Anselmus, prepositus Sancti Quirini; dominus Walterus de Hessa; magister Wirricus, medicus; dominus Willermus, dominus Cono Malus Vicinus, dominus Rodulfus Crasso et dominus Henricus, milites.

(Copie du XVIIe siècle.)

—

VIII (p. 14).

Donation à l'abbaye de Haute-Seille par Vautrin , chevalier
de Turquestein, et Laureate, sa femme, d'un moulin qu'ils
avaient sur la Sarre.

1231.

Notum sit omnibus hoc scriptum intuentibus quod dominus Waltrekinus, miles de Treikesteim, et Laureata , uxor
ejus, contulerunt in elemosinam Deo et beate Marie et conventui Alte Silve, pro remedio anime sue, quoddam molendinum super Saram situm, quod debet eis reddere annuatim
quadraginta virtellos annone, tali tamen interposita ratione,
quod quamdiu predicti dominus videlicet Waltrekinus et
Laureata, uxor ejus, vivent, idem molendinum tenebunt. Si
autem eos heredes, Deo volente, habere contigerit, ipsi heredes idem molendinum tenebunt quamdiu viverent, post
decessum eorum ad Altam Silvam libere rediturum. Ut enim
hoc datum ratum perseveret, ego Waltrekinus sigillum
meum apposui in testimonium. Testes hujus rei sunt Willermus, miles de Wirmenges ; Hanricus, miles de Hosteim,
Wips de Sareborc. Acta sunt hec anno Domini m. cc. xxxj,
in octabas apostolorum Petri et Pauli.

(Original en parchemin.)

—

IX (p. 40).

Fondation de la chapelle castrale de Turquestein par Jean
d'Haussonville et Catherine de Heu, sa femme.

19 Février 1534 (1535, n. s.).

Nous Jehan de Haulsonville, chevalier, seigneur dudict
lieu, d'Essei lei Nancy en partie, de Tricquestain, etc., bally

dc l'éveschié de Metz, et Katherine de Huz, à tous présens et advenir salut. Sçavoir faisons que, considérans que la présente vie humaine est transitoire, que se passe comme l'ombraige, et que [par] la loy divine et de nature il est establi à tous humains de payer, soit tost ou tard, le tribut de la mort, et qu'il convient estre devant la faice de nostre saulveur et rédempteur Jésuchrist pour recevoir la rétribution des biens et pugnition des malfaictz en ce mortel monde, affin d'avoir ayde et intercession pour la rémission de noz péchez et salut des âmes de noz feuz progéniteurs, ancesseurs et successeurs, et de tous féables trespassés, et que c'est chose saincte et salutaire de augmenter le sainct service divin, et que de faire dire et célébrer messe, c'est le plus digne et excellant sacrement que on sçauroit et poulroit on faire plaisant et aggréable à nostre saulveur et rédempteur Jésucrist, à cause que le mistère de sa saincte passion est remémorez et recolez, et mesmes que la plaice et chasteau de madicte seigneurie de Triquestain est loing de ville et villaige, parquoy les chastellains, officiers, serviteurs et aultres personnes demourans ondit chasteau ne peullent ouyr par jours de dimenche ne d'aultres festes, messe, et que par cy devant, avons faict faire, édifier et bastir une chappelle avec ung autel en icelle chappelle, cytuée ondit chasteau dudict Triquestain, et icelle chappelle et autel procurer et faire bégnir en l'honneur et révérence de la saincte et indivisée Trinité, et expressément en l'honneur et révérence et soubz les noms et invocation de la trèssacrée et glorieuse vierge Marie et de monsieur sainct Clément, et que nostre intention ait esté et est de fonder, ordonner et establir ad l'autel d'icelle chappelle à estre dicte et célébrée à tousjoursmais par ung religieux profès et prebtre de l'esglize et monaster de Nostre Dame de Haultesaille, on diocèse de Toul, de l'orde de Cyteaux, messes baisses tant ès jours de dimenche que aultres festes, et icelle douer et fonder; pource est il que nous avons donez et establi et par ces présentes ordon-

nons et establissons à estre dictes et célébrées audict autel
par ung religieux profès et prebtre, ydonne et suffisant,
dudict monaster, ou chappellain par iceulx ordonnez,
une baisse messe par chacun jours de dimenche des festes et
solempnités de la Nativité et Circoncizion, de l'Epiphanie
condit les Roys, de l'Ascention de nostre saulveur et rédempteur Jésucrist, le jour du sainct sacrement de l'autel condit
la Feste Dieu, le jour de la Toussainct, ez jours et festes des
Annunciation, Conception, Purification, Nativité et Assump-
tion de la glorieuse vierge Marie, les jour et festes de la
nativité monsieur sainct Jehan Baptiste, de sainct Sébastien
martir, de sainct Clément, et le jour de la Commémoration
des âmes; lesquelles messes baisses se diront et célébreront
de la feste enchéant à chacun desdicts jours et festes ; et à
chacune messe, tant ez jours de dimenche que èsdicts aultres
jours et festes cy devant déclairées, lesdicts religieux ou
chappellain qui sera pour le temps, sera tenus, àu commencement ou à la fin de chacune desdictes messes, dire la passion de nostredict saulveur et rédempteur Jésuchrist, soit le
teste de ladicte passion faict par monsieur sainct Jehan
l'Evangéliste ou des aultres troys évangélistes, ainsy que
mieulx plaira audict religieux ou chappellain. Item, que, par
chacun jours de dimenches, icellui religieux ou chappellain
sera tenus de faire l'eawe bégnitte pour la gecter comme on
a de coustume. Et premier que de commencer par ledict religieux ou chappellain ladicte messe et passion, il sera tenus
de sonner ou faire sonner la cloche estant en ladicte chappelle par troys fois, affin que les chastellain et officiers
estant ondit chasteau puissent estre advertis pour estre présens à ouyr le service de ladicte messe. Et pour fondation
et dotation desdictes messes et passion estre dictes et célébrées ad tousjoursmais par chacun jour de dimenche, des
festes et chacune d'icelles,... avons donnez et deslivrez aux
révérend père et religieuses personnes les abbé, prieur et
convent dudict monaster de Haultessaille la somme de quattre
cent trente frans, comptez douze gros, monnoie coursable

on duchié de Lorraine, pour chacun frans, pour acquester la somme de vingtz ung frans et demy... de rente annuelle et perpétuelle payable par chacun an.... Et sy tant estoit que lesdicts abbé, prieur et convent fussent négligens ou déléyans de dire ou faire dire lesdictes messes et passion... par l'espace de troys moys, saulfz et réservez légitisme et apparent empeschement et excuses, c'est assavoir en temps et périlz de guerres, hostilité, ou en temps de mortalité et peste urgente et éminante régnante ondict chasteau ou ondict monaster et abbaye de Haultessaille, onquel temps ne seroient lesdicts religieux ou chappellain tenus y aller ou envoyer. On quel cas de négligence, réservez et hormys lesdicts empeschemens,... noz, nosdicts hoirs et ayans causes pourrons contraindre lesdicts abbez, prieur et convent de dire ou faire dire lesdictes messes ez lieux et chappelle dessusdicts, ou faire célébrer lesdictes messes et passion par ung aultre homme d'esglise ydonne et suffisant, que lesdicts abbé, prieur et convent contanteroient à l'aquipolent de ladicte fondation... Et est assavoir que esdicts temps de guerres, hostilité ou éminens dangier de peste, comme dict est, lesdictes messes et passion se diront et célébreront par chacun jour de dimenche et festes cy devant déclairez en l'esglise dudict monaster de Haultessaille durant lesdicts dangier, et par après, cessans lesdicts dangier et empeschement,... lesdictes messes et passion se diront et célébreront ad l'autel de ladicte chappelle cytuée en la plaice et maison dudict Tricquestain... Item, que, par chacun jour de dimenche et d'aultres festes cy devant déclairez, que ledict religieux ou aultres homme d'esglise aura dit et célébrez lesdictes messes et passion, noz, nosdicts hoirs et ayans causes, summes et serons tenus donner à dîner ledict religieux ou homme d'esglise avec noz, à nostre table. Et, en l'absence de noz, nosdicts hoirs et ayans causes seigneurs dudict Tricquestain, le chastellain ou aultres officiers pour le temps sera tenus lui donner à dîner honnestement avec lui, à sa table. Item, que noz, nosdicts hoirs et ayans causes sont et serons tenus, ad tousjoursmais, de fournir ou faire fournir le luminaire en et sur l'autel de ladicte chappelle durant le temps que on dira et célébrera lesdictes messes et passion et aultrement, ainsy qu'il sera convenable et décent. Et affin que lesdictes messes et passion soyent ad tousjours dictes et célébrées,... avons prié et requis ausdicts présent abbé, prieur et convent de ladicte esglise de Haultessaille que, moyennant la réception desdicts quattre cent trente frans, ilz veulent prendre et accepter la charge et solicitude de faire dire et célébrer lesdictes messes et passion soubz les charges, moyen et obligation que dessus. Sy avons promis et promectons, en bonne foy et soubz nostre honneur, avoir, tenir et faire entretenir ad tousjoursmais, inviolablement, ladicte présente fondation... En tesmoing de vérité des choses dessusdictes et d'ugne chacune d'icelles, avons à ces présentes, signées de nostre mains, mys et appendu nostre seel armoyé de noz armes. Et nous, abbé et convent dessusdicts, estant présent quant au choses dessusdictes, awons, pour noz, noz successeurs abbé et convent, prins et accepté la charge et solicitude de dire et faire dire et célébrer lesdictes messes et passion ès lieux et chappelle dessusdicts, du tout ensuyant les poinct, clauses et articles cy dessus desclairées et une chacune d'icelle, sans jameis aller ny faire aller au contraire, en manière que soit ou puisse estre, soubz le veu de nostre religion... En tesmoinaige de vérité, noz, abbé et convent, avons mys et appendus, pour vérification des choses dessusdictes, noz scel abbatial et conventuel, avecques le scel desdicts seigneurs fondateurs desdictes messes et passion, à ces présentes, avecques le seing manuel de honneste et discrette personne Jehan Gerard, secrétaire de nostre trèsrévérendissime monsieur le Cardinal de Lorraine, évesque de Metz, demeurant à Vy. Que furent faictes et passées à lieux dudict Tricquestain, l'an de l'Incarnation nostre Seigneur mil cincq cent trente quattre, xixe jour de febvrier.

J. de Hassonville.   J. Gerardi.

(Original en parchemin.)

TABLE DE QUELQUES NOMS DE LIEUX

AVEC LEURS FORMES ANCIENNES ET MODERNES.

NOTA.— L'astérisque (*) placé devant les noms désigne les localités qui ont été annexées.

Le point d'interrogation (?) mis après les noms, imprimés en petites capitales, indique les localités auxquelles on n'a pu trouver d'équivalent moderne, soit qu'elles aient disparu, soit plutôt que leur orthographe ait été si profondément altérée qu'il est impossible de les reconnaître sous les dénominations employées dans les documents postérieurs.

Les abréviations *M.-et-M.* et *c.* veulent dire Meurthe-et-Moselle et canton de.

———

*Alba. Albain, Alban, Alba, *Sarralbe*, Moselle, ch.-l. de canton.

Altasilva, Alta Silva, *Haute-Seille*, ham. (anc. abb.), com. de Cirey, M.-et-M.

*Arestein, Harestein, Herestein, Hernestein, Hernestem, Herrestein, *Herrenstein*, anc. château, rasé en 1679, près de Neuwiller, c. Petite-Pierre, Bas-Rhin.

*Arspac, Arspach, *Aspach*, Meurthe, c. Lorquin.

Bartrimont, Bertimont, *Petitmont*, M.-et-M., c. Cirey.

*Bertramboys, *Bertrambois*, Meurthe, c. Lorquin.

Blanmont, *Blâmont*, M.-et-M., ch.-l. c.

Boinmostier, Boin Mostier, Guetmunster, Bon-Moutier, anc.

6

abbaye sur l'emplacement de laquelle a été construit le village de Val-de-Bon-Moutier, aujourd'hui *Val-et-Chatillon*, M.-et-M., c. Cirey.

Chaistillon, Chaistillons, *Chatillon*, château, com. de Val-et-Chatillon, M.-et-M., c. Cirey.

Cyreis, *Cirey-sur-Vezouze*, M.-et-M., ch.-l. c.

*Dabordh, Dagsbourg, Dasbourg, Dasporch, *Dabo*, Meurthe, c. Phalsbourg.

*Druchetein, Durchelstein, Durckstein, Durkelstein, Durkestain, Durkestein, Durquelstein, Durquestain, Durquestein (1), Durquilstain. — V. Tirkestein.

*Farren, *la Forêt*, anc. ham., com. de Bertrambois, réuni à cette commune.

*Feckelfing, *Fraquelfing*, Meurthe, c. Lorquin.

Framonville, *Frémonville*, M.-et-M., c. Blâmont.

GIVERSIN (?), mentionné avec Aspach.

*Hablutzel, *Hablutz*, ham., com. d'Ibigny, Meurthe, c. Réchicourt.

*Haille, *Heille*, ham., com. des Métairies-de-Saint-Quirin, Meurthe, c. Lorquin.

*Hambourg, anc. métairie dont la situation n'est pas connue. Il y a un étang de ce nom entre Landange et Aspach.

Harboué ou Harbouey, M.-et-M., c. Blâmont.

*Hategney, Hatigney, Hatineix, Hetingen, de Hatteneix, Hettigny, *Hattigny*, Meurthe, c. Lorquin.

HEMEHUSRE (?), mentionné avec Bertrambois et Fraquelfing.

*Hermelingne, Hermelingre, *Hermelange*, Meurthe, c. Lorquin.

HENVILRE, HERMENWIRRE (?), peut-être le même que Wilre ? — V. ce mot.

*Lafrembonne, Leffelbron, *Lafrimbolle*, Meurthe, c. Lorquin.

*Landanges, Landenges, Landlingen, Landoinge, *Landange*, Meurthe, c. Lorquin.

(1) Une des chartes de Geoffroy (1425) porte Durquestein, les deux autres Durquestain.

Langstein, *Pierre-Percée*, M.-et-M., c. Badonviller.

*Lorchenges, Lorchoinge, *Lorquin*, Meurthe, ch.-l. c.

*Lucembourg, *Lutzelbourg*, Meurthe, c. Phalsbourg.

*Lutzelstein, *Petite-Pierre (la)*, ch.-l. c., Bas-Rhin.

MESNILZ, MESNY DELEY HALLOVILLE (?). Halloville est une com. du canton de Blâmont.

*Moersperg, Molsprich, *Marimont*, Meurthe, c. Albestroff.

*Neu Moullin (le), *Neuf-Moulin*, Meurthe, c. Lorquin.

*Neuve ville (la), Neuveville au Bois (la), *Laneuveville-lès-Lorquin*, Meurthe, c. Lorquin.

*Niderhan, Nidrehowe, Nydrehowe, *Niderhoff*, Meurthe, c. Lorquin.

RAMMERSPACH, REMMENIXEPAT (?).

*Richeval, Meurthe, c. Réchicourt.

ROGERN (?), mentionné avec Hablutz et Bertrambois.

*Sainct Curien, *Saint-Quirin*, Meurthe, c. Lorquin.

*Saint-Georges, Meurthe, c. Réchicourt.

S. Salvour, *Saint-Sauveur*, M.-et-M., c. Cirey.

Saroa fluvius, *Sarre (la)*, rivière.

SCHOWBREHUSRE, XEWOBREHUSRE (?).

*Salaborch, *Sarrebourg*, Meurthe, ch.-l. arr.

*Scwaikesenges, *Xouaxange*, Meurthe, c. Sarrebourg.

*Thiecourt, Tihecort, *Thicourt*, Moselle, c. Faulquemont.

*Tirkestein, Triquestain, Truchstein, Truclistem, Trukestain et Trukesten, dans la même pièce; Turckestein, Turkestein, Turkstein, Turquestain, Turquestem, Turquestey, *Turquestein*, Meurthe, c. Lorquin.

VALLAY, VALLOIS (?).

Varcovila, Warchovile, Warconville, Warcovile, Warcoville, Warkovile, *Varcoville*, vil. détruit, sur l'emplacement duquel a été construite la métairie de la Neuve-Grange, com. de Bertrambois (ci-dessus).

*Walpreixewilre, *Vasperviller*, Meurthe, c. Lorquin.

*Wilre, écart (village détruit), com. des *Métairies-de-Saint-Quirin*, Meurthe, c. Lorquin.

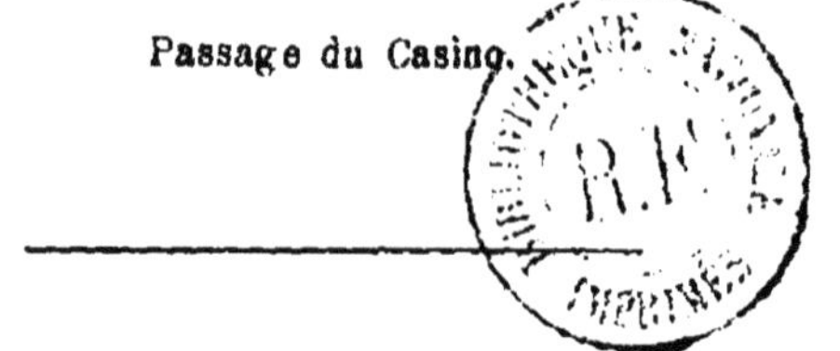

www.ingramcontent.com/pod-product-compliance
Ingram Content Group UK Ltd.
Pitfield, Milton Keynes, MK11 3LW, UK
UKHW020926120726
13693UKWH00003B/1153